风物的故事

中华文化故事

李晓愚 著

译林出版社

图书在版编目（CIP）数据

风物的故事 / 李晓愚著. —南京：译林出版社，2020.3（2020.6重印）

（中华文化故事）

ISBN 978-7-5447-7978-4

Ⅰ.①风… Ⅱ.①李… Ⅲ.①风俗习惯－中国－通俗读物 Ⅳ.①K892-49

中国版本图书馆 CIP 数据核字（2019）第 185558 号

风物的故事　李晓愚／著

责任编辑　方　芳
装帧设计　韦　枫
校　　对　王　敏　戴小娥
责任印制　董　虎

出版发行　译林出版社
地　　址　南京市湖南路 1 号 A 楼
邮　　箱　yilin@yilin.com
网　　址　www.yilin.com
市场热线　025-86633278
排　　版　南京展望文化发展有限公司
印　　刷　苏州市越洋印刷有限公司
开　　本　890 毫米 ×1240 毫米　1/32
印　　张　8.5
插　　页　4
版　　次　2020 年 3 月第 1 版　2020 年 6 月第 2 次印刷
书　　号　ISBN 978-7-5447-7978-4
定　　价　38.80 元

自序：
世间风物好

“风物”一词出自陶渊明《游斜川》诗序：“天气澄和，风物闲美。”原意是指自然界的风光景物。不过，在中华文化传统里，纯粹的自然风景并不被看重，总要有人的参与才可。浏览中国古代山水画便会发现，几乎所有画家都要在画面中显露出人的痕迹：或是山间茅屋中对坐闲谈的高士，或是泽畔小船里独钓江雪的渔夫，或是山间小径上骑着小驴儿踽踽独行的游客。陶渊明赞美斜川清朗闲静的风光，到底还是为了“悲日月之遂往，悼吾年之不留”，在不变的好风景里悟出人世之浮脆易变。可见风物并非单纯的风景，它从一开始就带着人的色彩。在历史长河的变迁中，“风物”一词的意涵不断丰盈，习俗、物产、美食、古迹、名胜，无不包括。

然而，风物之核心，既不在风景，亦不在物产，而在其背后的人——人的活动、人的心思、人的智慧。且拿节气来说，光阴流转、四季变迁，本是自然之事，可节气的划分却是人为——古人从漫散的时光里构建起一套完整的认识论，又随之酝酿出种种富于诗意和趣味的生活方式。冬至就有“数九”的风俗：从冬至这天起，往后数上九九八十一天，寒冷便消退了，所以我们常说“数九寒天”。古人“数九”的方式也特别——冬至当天，人们会在宣纸上绘制一枝清瘦的梅花，九九八十一片花瓣，不染色；然后从冬至那天起，每过去一天便用朱砂点红一片花瓣，等全部的花瓣都被染红之后，春天就翩然而至。用这样优雅的方式度过漫长的冬季，浪漫得叫人羡慕！

节气是大自然意志与人世间智慧的结合，颇能体现风物之本质。美食佳馔亦如此。中国的许多传统食物并非单单为着满足口腹之欲，还蕴含着人的温暖心意。譬如元宵，“元”者，开端也；“宵”者，夜晚也。“元宵”的本义是一年里的第一个月圆之夜，在这个美好的夜晚，我们要吃一种糯糯甜甜的圆子，因此节日之名与美食之名便合二为一了。还有粽子，据说屈原投江后，楚地的百姓原本用竹筒装米祭祀他，后来因为担心水中的蛟龙会夺去屈子的“口粮”，便改用楝树叶和五彩线包裹——这两样东西都是蛟龙所畏惧的。这是传说，自然当不得真，但我吃粽子时却常常想起这故事来，倒不是因为屈原，而是为着中国百姓那片温柔敦厚的情意。

在这本《风物的故事》中，我想和你聊聊中国传统的节令、习俗、礼仪、物品等，但我真正感兴趣的是蕴藏于风物之中的人的生命情感与生活洞见。风物是人的发明，可一旦它们被创造出来，便拥有了能动性，会反过来影响人的行为。历法即是一例。古人使用的阴历是按照月亮的月相周期来安排的历法，因此可以根据日期来判断月亮的圆缺：若是阴历八月十五，那天上一定挂着银盘似的满月；若是阴历初一或三十，恐怕就几乎看不到月亮了。阴历的创造，使得人与月亮的关系格外亲近，唐诗宋词里关于月亮的无数佳句便是明证。胡兰成说："唐诗里的月亮是远比宇宙火箭到达的月亮，于文明更有意义。"这句话不无道理。现代社会使用阳历，虽然也说"几月几日"，可这"月"跟月亮毫无关系，而是与地球环绕太阳的周年运动有关。阳历又叫公历，最大的优势在于它的国际通行性。阳历的推广拉近了中国人与外国人的距离，却悄悄拉远了中国人和月亮的距离，它为国际交流提供了方便，却也让人们赏月作诗的闲情冷淡了下来。这便是物的能动性。

每个时代的人都在创造新的风物，我们谈论旧时风物的故事，并非要孜孜于过往，裹足不前。只是在这风物变迁中，我们究竟得了什么，失了什么，又该保留些什么，心里总还得有些数才好。

目录

节令习俗

社交礼仪

古物趣说

教育趣事

/ 节令习俗 /

囤足粮食好过“年”

春节是我国的传统节日，也是全年当中最重要的一个节日。过春节还有一种说法叫“过年”，为什么叫“过年”呢？这还得从“年”字说起。

记得以前读书的时候，语文老师曾经问过我们一个问题：如果给你一本古代的字典，比如《说文解字》或《康熙字典》，让你用部首法去查“年”这个字，它应该属于哪个部首呢？这个问题相当有难度，我差不多快把“年”字给拆散了，也看不出它的部首究竟藏在哪儿。老师后来告诉我们，“年”字的部首就是“禾”。我们来看看“年”字的甲骨文（  ）：上面是“禾”，也就是庄稼；下面是弯腰垂臂的“人”，这个人正开心地把收获的谷物背回家。从“年”字的字形就可以看出，它最初的意思就是“丰收”。古代中原地区，谷物粮食一年成熟一次，从播种到成熟这段时间，被看成一年。就这样，“年”从

“粮食丰收”渐渐地引申为表示时间的概念。

古时候，“年”代表着丰收，庄稼收割完毕之后自然要好好地庆贺一下，过个节。这个节就叫“年”。我们的先民非常谦虚，他们认为丰收虽离不开自己的辛勤劳作，但主要还是依赖祖先的保佑和神灵的恩赐。所以过年也是对大自然、祖先和神灵的一次集中答谢会。从这个意义上讲，春节可以看成中国人的“感恩节”。直到现在，很多家庭都会在过年期间拜祭祖先，还有的人家会祭祀灶王爷。一来道个谢：感谢您去年对我们的关照；二来提前打个招呼：来年还希望您继续保佑我们五谷丰登、财源广进。

在我看来，过年除了有过“感恩节”的功能之外，也顺带过了“万圣节”。因为在我们的传统文化里，春节既是人节，也是鬼节，更确切地说，是驱鬼的节。咱们现在很多的过年习俗都跟驱鬼辟邪有关，比如放鞭炮。有个连幼儿园小朋友都

［清］董诰《腊鼓迎年》，台北故宫博物院藏

知道的民间传说：很久很久以前，有个叫“年”的怪兽，它长得比骆驼还魁硕，跑起来比风还快，叫起来比雷声还响，它经常骚扰人类，见人就吃，见牲畜就咬，后来天神把它关起来，一年只能出来放一次风。有一年春节，怪兽逮着放风的机会，冲进村子要行凶，在这危急时刻，机智勇敢的小朋友放起了鞭炮，噼里啪啦的响声把怪兽给吓跑了，从此它再也不敢露面了。鞭炮是驱鬼怪的，压岁钱同样是为了驱鬼怪。“压岁”的“岁”原本写作“邪祟”的“祟”。它也有个传说：有个叫“祟”的小妖怪专门在除夕夜，等小孩睡着了，就去摸他们的脑门，小孩被摸以后就会发高烧、说梦话，变成傻瓜。为了防止小妖作乱，家长们就用红纸包上钱，放在孩子的床头，这钱是用来压住邪祟、制伏妖魔的保命钱。

中国人过年，这“年”的内涵真是太丰富了，既体现人与自然、人与人之间的和谐关系，还容纳了西方感恩节、万圣节的精髓。“年”的历史十分悠久，从汉代开始，“年”就被正式定为一岁之首。我们现在过年和过春节是一回事，不过在古时候，春节多指二十四节气中的立春，有时候也泛指整个春天。而把春节作为农历新年的专用名词，是辛亥革命胜利之后的事儿了，距今也就一百多年。

向灶王爷献媚

春节通常以祭灶揭开序幕。“灶”指的是灶王爷，是负责管理家家户户厨房事宜的神仙。旧时人家的厨房里要么供着灶王爷的神龛，要么贴着他的神像。跟太上老君、元始天尊、天蓬元帅、卷帘大将比起来，“灶神”这官名听起来不够气派，可民间百姓对他却很是敬重。一来，民以食为天，灶王爷跟日常生活的质量密切相关；二来，别的神仙都待在天上，就算有事下凡，绕一圈又回去了，而灶王爷亲民，早早晚晚地跟咱守在一块儿。百姓体贴，怕他在人间闷得慌，给他介绍了老伴儿，就是灶王奶奶。

人们看重灶王爷，还有一个重要原因——手握实权。他除了管厨房之外，还负责将这家人一年的言行举止记录下来。到了腊月下旬，灶王爷要返回天宫，将相关情况汇报给玉皇大帝，由玉帝决定对这户人家给予奖励或者惩罚。

宋代诗人范成大的《祭灶词》生动地描绘了民间送灶王爷上天的情形。“古传腊月二十四，灶君朝天欲言事。”至于欢送会定在哪天，不同阶层有所区别，有“官三民四船五”的说法，就是说官绅权贵在腊月二十三，民间百姓在腊月二十四，水上人家在腊月二十五送别灶王爷。怎么送呢？“云车风马小留连，家有杯盘丰典祀。”百姓给灶王爷准备了丰富的礼品：“猪头烂熟双鱼鲜，豆沙甘松米饵圆。”俗语说“拿人家的手短，吃人家的嘴软”，这套人世生活的经验对付神仙也管用。民间送灶王爷的供品大致可分为三类：一类是甜的，有的人家就拿麦芽糖涂在灶王爷嘴巴四周，边涂边念“吃甜甜，说好

［清］黄钺《土銼酬神》，台北故宫博物院藏

话”“好话传上天，坏话丢一边”；一类是黏的，比如元宵，为的是把灶王爷的嘴巴黏住，想说坏话也含含糊糊地说不清楚；还有一类是酒，把他喝得晕头转向、忘乎所以，想打小报告也不能了。《祭灶词》中说得更详细：“婢子斗争君莫闻，猫犬触秽君莫嗔。送君醉饱登天门，勺长勺短勿复云，乞取利市归来分。”简而言之，咱家不周到之处，您就睁只眼闭只眼，从玉帝那儿多为我们讨些好福气回来。

送灶王爷这件事女人不能参加，范成大的诗里就有“男儿酌献女儿避，酹酒烧钱灶君喜”。据说这是因为灶王爷是个帅哥，古时候“男女授受不亲”，所以女人要避嫌，估计也怕惹灶王奶奶不高兴。与“女不祭灶”相对应的“男不拜月”也是这个缘故，嫦娥姐姐一大美人，男人献殷勤自然不合适。

关于人们向灶王爷献媚这件事，孔老夫子发表过高见，他说：“获罪于天，无所祷也。”做人办事要对得起良心，要顺乎天意，否则不管你怎么祷告，也不管灶王爷帮你说多少好话，都于事无补。孔老夫子的道理没错，不过我倒觉得祭灶这事儿很好玩，颇能反映中国人对待神仙的态度。中国民间的神不同于西方宗教中的神，不是庄严在上、难以亲近的。他是我们的一分子，也讲人情、通事理，所以我们可以与他拉关系、套近乎、走后门，未必真是怕被告状，只是逢着过年这样喜庆的日子，也拉上神仙一道开心。

快捷拜年

每到过年的时候，手机上就会收到很多拜年的短信或微信。用手机拜年很方便，不用挨家挨户去跑了，哪怕人家在天涯海角，你按个“发送”键，就能把祝福第一时间送到。可每每收到那些内容雷同、复制转发的拜年信息，又让人感慨：这样形式大于内容的拜年，能否真实地表达我们内心的情意？

其实用快捷方式拜年在古代就有了，只不过人家靠的不是短信、微信，而是飞帖。飞帖就是一张卡片，大约两寸宽、三寸长，用梅花笺纸裁成，上面写着受贺人的姓名、住址以及祝福的话语。你可能会想：这不就是贺年卡片嘛！没错，飞帖确实可以看成贺年卡片的前身，它起源于宋代。当时的士大夫交游广阔，到了过年的时候，要是每家每户都登门拜年，既耗时间又费力气；再说了，那年代也没有电话预约，万一跑到人家府上拜年，正赶上主人外出，就要白白地吃个闭门羹。于是他们就想出了飞帖的法子，对于那些关系不特别密切的亲友，他们就不亲自上门了，而是派仆人拿着飞帖代为拜年。有些大户人家，有很多亲朋好友，送来的飞帖也多，实在应付不过来了，就在门外挂个箱子，送帖的人直接把帖子往里头一丢就行了。为了图个吉祥，人们给箱子起了一个特别喜庆的名字——“接福”。再说那送帖的仆人，身上揣着几十甚至上百张帖子，要跑好多户人家，由于时间紧迫，在门口喊上一嗓子就赶紧跑了，等到主人开门一看，早不见了送帖人的踪影。“飞帖”的名字就是这么来的。

话说宋朝初年有个学者叫陶谷，春节到了，他写了一堆拜

［清］黄钺《芳村贺岁》，台北故宫博物院藏

年的帖子，可是家里缺人手，没人去送。他正犯愁呢，一个朋友差人送飞帖来了。陶谷热情招待了这个仆人，他发现这个仆人要送帖子的人家有很多跟自己也有往来，于是偷偷地用自家的帖子换下了朋友家的帖子。结果朋友家的仆人忙了半天，送的全是陶谷家的帖子。现在有“蹭网”“蹭车”“蹭饭”，没想到古代还有“蹭快递”。

到了明代，送飞帖的风气盛行起来，但也变得越来越形式主义了。送帖子的人常常就跟现在送“小广告”的人一样，不管认识还是不认识，往门上一塞就走。明代的江南才子文徵明每年春节都会收到不少这样的飞帖，他带着嘲讽的口气写下《拜年》一诗：“不求见面惟通谒，名纸朝来满敝庐。我亦随人投数纸，世情嫌简不嫌虚。”意思就是现在人拜年都懒得见面了，让人送张帖子就算完事，他收到的帖子都快堆满屋子了，虽说这都是形式主义、摆花架子，但世风如此，他也只得顺应潮流，派人给亲朋送上拜年的帖子。“世情嫌简不嫌虚”，这句一针见血地指出了世俗的毛病：该有的形式不能简化，哪怕是虚伪的形式也好过没有。

有一位长辈告诉我，他但凡收到“群发”的拜年短信一律不回。他的理由很简单：你既不动脑筋也不花心思，就便捷地发给所有人，怎么能指望人家把你的祝福当回事呢？这位长辈的看法虽然有点儿极端，但也提醒着我们：任何一种祝福，形式是次要的，对方在乎的永远是形式背后真诚的情意。

贴“福”与幸福

按照咱们中国的习俗，每逢春节，家家户户都会在门、窗或是墙上贴上大红的“福”字，希望能够招来好运。从古至今，“福”字大概是中国人最喜欢的汉字之一了，而“福”字的写法也有好几种，比如外形又窄又长的写法。为什么要把“福”写得这样瘦呢？因为“瘦”跟“寿”同音，这就叫“长寿福”，要是不能长寿，再大的福分也是浮云。还有一种写法，“福”下面的“田”字不封口，这不是粗心大意，忘了写一横，而是寓意着“鸿福无边”。

什么是“福”呢？有人说看看这个字的结构就明白了：左半边像“衣”字，右半边拆开是“一”“口”“田”三个字。所以“福”就是有衣服、有地产，叫“一口田，衣禄全”。这种说法很有趣，不过“福”字最初的意思并非如此。我们来看看甲骨文中的“福”字（[illegible]）：左半边是盛满美酒的酒坛子（在上古时期，酒坛的底部都是尖尖的，那是为了方便埋进土里，保持较低的温度）；右半边不是“衣”，而是“示”字，“示”的意思就是祭拜上天的神灵。把左右两半边合在一块儿，“福”的意思就很清楚了，就是用美酒祭祀，祈求神灵把好运气赐给自己。

如果把“福”字里装满美酒的大坛子藏在自个儿家里，就构成了“富”字。在远古时期，粮食十分匮乏，酒自然也很稀有。要是家里还能有余粮酿酒，那绝对算得上富裕之家了。你看我们的先民多朴素，有几坛老酒，人家就幸福得冒油了。

从“福”和“富”这两个字的结构就可以看出，在古人的观念里，幸福和财富之间确实存在着某种联系。这也是东西方文明的一项共识。英文中fortune这个单词就包含着两层意思，一是幸福，二是财富，可见财富是可以带给人幸福感的。那是不是钱越多就越幸福呢？当然不是。要是国内生产总值（GDP）跟幸福完全成正比，那发达国家就不会有人得抑郁症了。可事实上，德国的经济虽发达，但平均每五个人中就有一个人得过抑郁症，据说这快成为德国的“国病”了。早在二十世纪七十年代，美国的经济学家就提出了“经济幸福悖论”——为什么更多的财富没有带来更大的幸福？有的人对幸福存在着误解，认为拥有一座别墅就幸福了，或者娶到一位绝代佳人就幸福了。在追求这些东西的过程中，内心充满焦虑，即便都追求到了，幸福感却未必如期降临，等着自己的往往是更大的焦虑。要知道，幸福和财富不一样，财富是可视化的指标，而幸福是主观的体验，它不是对资源的占有，而是一种创造和感受的能力。

我们常说“幸福”这个词，可“幸”“福”这两个字连在一起用，是宋代以后才有的事儿。最初，“幸”是动词，表示“祈望，盼望”。“幸福”的意思就是“企盼福气的到来”。所以当我们觉得不幸福或者不够幸福的时候，不妨学学古人，把“幸”字还原成动词，这样心里就会明白：幸福从来就不是一个已经完成了的状态，而是一个不断渴望的过程。幸福不容易实现，我们能做的就是积极去创造，用心去感受。

总把新桃换旧符

在描绘春节的古诗中，最有名的大概就属王安石的那首《元日》："爆竹声中一岁除，春风送暖入屠苏。千门万户曈曈日，总把新桃换旧符。"古代人过年要放爆竹，据说是为了驱逐一个叫"年"的怪兽；在正月初一那天，全家老小都喝屠苏酒，这是一种药酒，能够预防瘟疫。"千门万户曈曈日"，家家户户都沐浴在朝阳的光照中，"总把新桃换旧符"。这是一首七绝诗，每句只能有七个字，所以诗人就做了省略。"总把新桃换旧符"完整的说法应该是：都用新桃符替换了旧桃符。

桃符是何物？一到过年，很多人家的门上就会贴上喜庆的春联，春联就是从桃符演化来的。桃符就是用桃木做的长方形木板，挂在大门上，左右各一块。古人认为桃木有辟邪的功能，鬼怪一看就害怕。桃符上最初还画着神人的图像，很是威武。神人是兄弟俩，一个叫神荼，一个叫郁垒，主要特长就是捉鬼，捉到之后就用绳子把鬼五花大绑，送去喂老虎。所以天下的鬼见了这两位神人就哆嗦，而百姓却热爱他们，把他们当作门神，帮着镇宅。也有的人家觉得画像太麻烦，干脆就把他俩的名字刻在桃符上，同样可以镇邪驱鬼。到了春节，家家辞旧迎新，两块桃符在门上挂了一年，也旧了，人们就把它们摘下来，换上新的。

百姓觉得桃符上画上神人或刻上他们的名字都挺好，可文人就想干点儿更有创意的事儿，什么呢？写对联。据《宋史·蜀世家》记载，后蜀的君主孟昶在除夕那天让手下的学士在桃木板上题词，打算挂在自个儿卧室门口，学士题好之后，孟昶觉得不满意，于是自己写了两句话：“新年纳余庆，嘉

［清］黄钺《春帖傭书》，台北故宫博物院藏

节号长春。”这被认为是中国历史上的第一副春联。从此，题桃符就演变成写春联了。由于纸张的大量生产，人们逐渐用纸代替了桃木板。

据说，对春联的普及起到积极推动作用的是明太祖朱元璋。虽然朱元璋文化水平不高，可他做了皇帝之后却很喜欢搞搞文化工程。在定都金陵的除夕，朱元璋就传旨，要求从公卿大臣到平民百姓，每家都得在大门上贴春联。大年初一一大早，朱元璋漫步于大街小巷，欣赏着各种春联，忽然发现有一家门上空空的，啥也没贴，就把主人找来问话，主人为难地表示自己是杀猪的，也帮人阉猪，不会写字。朱元璋一听，大笔一挥，一副春联写成：“双手劈开生死路，一刀割断是非根。”前句说杀猪，后句说阉猪，既贴切又有气势。

朱元璋写春联靠的是迸发的灵感，可有的时候琢磨来琢磨去，反而写不出好对子。有个故事说某人冥思苦想了一副好春联：“天增岁月人增寿，春满乾坤福满门”，可又一想：人增寿，这寿被人家增去岂不是亏了，要增也得增在自个儿老妈身上，于是把上联改成“天增岁月娘增寿”。春联要对仗，这“娘”跟“福”显然不对仗，于是此人得意地把下联也改了。改好的春联往大门上一贴：“天增岁月娘增寿，春满乾坤爹满门。”

财神爷爷很吃香

在禁放爆竹的规定实施之前，中国人过年是一定要噼里啪啦放一通的。春节假期中哪一天的爆竹声最响？据我多年来被爆竹声吵醒或吵得无法入睡的经验来看，是正月初五。对于现代人来说，其他日子放爆竹不过是图个喜庆，但正月初五就不一样了，这天放爆竹有重要的实际功效——迎财神！所以不但要放，还得早早地放、狠狠地放。

古代诗词中描绘各类春节习俗的作品有很多，比如放爆竹、饮屠苏酒、贴春联、守岁、拜年等，唯独迎财神的诗作几乎找不着。想想也不奇怪，文人多少带些清高之气，大概觉得抢财神这样的事儿有铜臭味，不写也罢。幸好清代文人顾禄在记录江南民间风俗的《清嘉录》一书中引用了一首竹枝词，从中可以窥见古人初五迎财神的情形："五日财源五日求，一年心愿一时酬。提防别处迎神早，隔夜匆匆抱路头。”

“一年心愿一时酬”这句看似平实的叙述却暗含讽刺。中国人祭拜鬼神，多少有点儿“临时抱佛脚”的意思，逮个机会施点儿爆竹费、香火钱，却要求财、求官、求姻缘美满、求子孙发达、求万世昌盛。相当于扔个木瓜给神灵，恨不得神灵能“报之以琼琚”，这哪里是虔诚，根本是贪痴！“提防别处迎神早，隔夜匆匆抱路头”，财神爷爷很吃香，千家万户都来抢，所以要趁着夜色早早起身，赶在别人之前把财神接回自个儿家。

［清］董诰《吉爆迎韶》，台北故宫博物院藏

"路头"指的是路头神，又称五路神，是清代苏州百姓供奉的财神。在中国传统的神仙体系里，财神出现得很晚，宋朝以后才有。论资历，他跟王母娘娘、嫦娥、寿星都没法比。为什么呢？因为中国长期处于农耕社会，重农轻商，对于财富的追求比较淡泊。直到商业发达了，社会经济水平提高了，人格化的财神才被创造出来。有趣的是，中国的财神不是一位，而是一串儿，百姓看谁顺眼就把谁拉来当财神。就拿这位五路神来说，所谓"五路"即东西南北中五条大路，也就是说，人家原来是负责道路交通出行安全的神仙，愣是被拉来兼职干财神了。所以有人写诗讽刺道："人为利所昏，所见无非利。路头古行神，今作财神例。"

五路神只能算偏财神，被认可的范围有限。还有几位财神名气大，美誉度也高，从他们的身上颇能看出中国人的财富观。第一位是文财神比干，他是商纣王的臣子，纣王荒淫无道，比干直言进谏，结果被剖心而死。比干之所以能当财神，一来因为忠贞，二来因为他没有心，没有心就不会偏心，能够公正地分配财富。第二位是武财神赵公明，他是太阳精的化身，能驱雷役电，呼风唤雨，法力无边。据说赵公明双目失明，看不见就不会用势利眼看人，不会嫌贫爱富，很适合当财神。而正因为赵公明眼睛不好使，得听响声走，所以人们才使劲儿放爆竹，好把他吸引到自家来。第三位大名鼎鼎的财神就是关公了，照说关羽当个战神还勉强，他怎么会到财神的行当里来呢？一来关羽讲信用、重义气，这恰恰是经商之人最看重的品质；二来关羽爱学习，关公像有很多种造型，其中一个造型是：关公一只手捋着长胡子，另一只手拿着一本《左氏春秋传》。打仗之余不忘“充电”，这就告诉我们“财富不会从天降，知识才是真力量”。

门神大盘点

在中国的传统观念里，建筑物的门很重要——它是人与外界相通的出入口，起到屏障的作用。门如此重要，当然要请能镇宅驱魔的神仙好好地把守着，所以每逢春节，上到天子百官，下至平民百姓，家家户户都要在门上贴门神，保佑家人平安吉祥。

门神这个职业真是不容易，它有几个特点：一是办公条件差，就两块门板，风吹日晒都得扛着；二是工作时间长，从白天干到黑夜，全年无休；三是福利待遇低，香火、供品统统没有；四是责任无比重大，得驱鬼降魔、祈福迎祥。这是一份付出与回报极不相称的工作，必须是高风亮节、大公无私的神仙才愿意屈就。在此，我们不妨来盘点几位知名度比较高的门神。

很多行当都有开山鼻祖，门神的祖师爷是兄弟俩，名叫神荼、郁垒。传说在遥远的大海之上有座山，山上有棵大桃树，树上有无数妖魔鬼怪，神荼、郁垒就负责在那儿维持治安，一旦遇到恶鬼就用绳子捆了送给老虎吃。这份工作十分光荣，但茫茫大海，人迹罕至，他们的光辉事迹得不到广泛传播。幸好他们遇到了识货的“伯乐”，也就是我们中华民族的伟大始祖黄帝。黄帝把神荼、郁垒兄弟俩请来，并为他们量身定制了门神这一职位。

［清］钱慧安《钟馗》，台北故宫博物院藏

做门神很辛苦，但这也是一项受万民敬仰的事业，职业成就感很高。所以从唐代开始，这个行当忽然变得很热门，其中还杀出了一匹“黑马”，那就是钟馗。别看钟馗长得凶神恶煞的，人家原本是个读书人，而且才华横溢、满腹经纶。钟馗到长安去参加进士考试，笔试答得极好，到了殿试的时候，有个以貌取人的奸臣就向皇帝进谗言：长得丑不是他的错，长得丑还出来吓人就是他的不对了。钟馗是个性情刚烈的人，一听这话气得就往大殿的柱子上撞，当场身亡。钟馗死了之后倒是具备了一种超能力，就是捉鬼，于是百姓请他当上了门神。

门神行当里还有两位战功赫赫的将军，就是秦琼和尉迟恭，两位都是唐太宗李世民麾下的名将。李世民发动玄武门之变，灭了自家兄弟，夺得皇位继承权。传说从此之后他就落下神经衰弱的毛病，夜里噩梦连连。后来秦琼和尉迟恭就守在李世民的卧室门口，靠着威力和阳刚之气把妖魔吓退。离了他俩，唐太宗就失眠，可他俩毕竟不是神仙，天天值夜班也扛不住，后来唐太宗干脆把他们的画像挂在宫门口，一样能驱魔。于是百姓就把他们也尊为门神。

门神这行当后来越来越兴旺，有文的、武的、驱邪的、纳福的、招财的、送子的，他们的身上都寄托着百姓对生活的美好愿望。当然，现在我们贴门神主要是为了喜庆，并非出于崇拜。对于现代人而言，负面情绪才是邪魔，要抵御它的侵扰，关键是要守好心门。心门上最给力的门神是谁呢？一个叫良知，一个叫心态。

“岁朝图”里的文化密码

每逢春节，百姓都要放爆竹、贴门神、写对联，红红火火过大年，这是千百年来的习俗了。而在古代，文人雅士过年时喜欢做些有文化内涵的事儿，而最能全面体现文人风雅情趣的就是“岁朝图”了。所谓“岁朝”，指的是农历正月初一，也就是春节。“岁朝图”就是为迎接春节而绘制的吉祥画，它一般是以静物画的形式出现，通过画中物品名称的谐音、民俗寓意或者历史典故来寄托对来年美好生活的祝愿。通常，“岁朝图”上会有这么几样东西：柿子、百合、灵芝、玉兰、海棠、梅花、水仙、白菜、不倒翁，等等。它们的吉祥内涵是：柿子、百合、灵芝一起代表“百事如意”；玉兰和海棠象征“玉堂富贵”；梅花和水仙是正月里的当令花卉，而且都是高洁品格的象征；白菜跟“百财”谐音，寓意着财源广进，而且白菜的叶子是青色的，梗子是白色的，这就暗含着“清清白白”的意

[清] 蒋溥《岁朝图》,台北故宫博物院藏

思；发财是美妙的，但咱得摸着良心挣干净的钱，这样才能跟画上的不倒翁一样，在人生路上永不跌倒；还有插花的花瓶，也表示“平平安安”。

“岁朝图”始于宋代，到明清时期特别流行。不但文人喜欢绘制“岁朝图”，连皇帝有的时候也要风雅一把，比如明宪宗朱见深就画过一幅《岁朝佳兆图》。画面中央那个长相有点儿恐怖的人就是钟馗，传说他能够驱邪降魔，是著名的捉鬼大师，有镇宅的功能。钟大师正用他那犀利的目光紧盯着一只飞来的蝙蝠。“蝠”跟“福”谐音，所以在中国的传统文化里，蝙蝠就是好运气的象征。钟馗的身边有个小鬼，双手捧着一只托盘，托盘里放着柏树枝和两个柿子。柏树枝、柿子，再加上钟馗手里拿着的那柄如意，三件东西凑在一块儿就构成了一句吉祥语：百事（柏柿）如意。

历史上画“岁朝图”最多的一位皇帝大概就是乾隆了。北京故宫博物院里收藏有十几幅乾隆御笔“岁朝图”，是乾隆皇帝在四十岁到八十一岁之间所画。乾隆爱好书法，如果你在中华大地上旅游，就会发现很多地方都有乾隆题写的“到此一游”诗，还有无数的书画珍品上都有他题写的观后感，密密麻麻一大堆，比原本的作品占的位置还多。而乾隆之所以热衷于绘制“岁朝图”，并不是为了展示自己的绘画才能，而是出于政治需要。“岁朝图”是汉族文人喜爱的绘画题材，乾隆画“岁朝图”就是为了告诉臣民，自己对中原文化传统非常熟悉，也非常尊重。

［民国］赵叔孺《岁朝图》，
台北故宫博物院藏

跟乾隆带有政治目的的“岁朝图”不同，一般文人笔下的“岁朝图”更多是为了表达个人的审美情趣。散文家汪曾祺老先生写过一篇短文，文中就提到他曾见过的一幅“岁朝图”:“一间茅屋,一个老者手捧一个瓦罐,内插梅花一枝,正要放到案上,题目:‘山家除夕无他事,插了梅花便过年。’”汪老先生随即感慨道,这份简单高洁之美才真是“岁朝清供”!

元宵节的前世今生

正月十五是元宵节，在中国人眼里，过完元宵节才算过完春节。我小时候对元宵节有个误会，以为这天要吃圆圆、甜甜、糯糯的元宵，所以才得了此名，后来才晓得这纯属一枚“吃货”的误解。“元宵”的“宵”指夜晚，“元”有两层意思，一作“开头”，正月是农历的第一个月，而正月十五又是一年中的第一个月圆之夜，故称“元宵”；二作“美好、善”，“元宵”就是美好的夜晚。

元宵节是怎样来的呢？有人说起源于西汉武帝祭祀太一神的风俗；有人说跟佛教的引进有关，在佛教中，火光是佛祖威严的象征，东汉明帝为了弘扬佛法，下令正月十五这天宫廷和寺院都要通宵燃灯礼佛，这就是元宵节的雏形；还有人说这个节日跟太一神、佛教都没啥关系，而是源于道教的天、地、水三官崇拜。道教认为，正月十五祭祀天官，叫上元节；七月十五祭祀地官，叫中元节；十月十五祭祀水官，叫下元节。这几种元宵节起源说都没有确凿证据，而且跟百姓关系不大。唐代以后，元宵节基本上摆脱了原始宗教的性质，成为中国人的一场“狂欢嘉年华”。唐诗宋词里有许多描绘元宵节盛况的句子：苏味道的“游伎皆秾李，行歌尽落梅”；顾况的“处处逢珠翠，家家听管弦。云车龙阙下，火树凤楼前”；张祜的“千门开锁万灯明，正月中旬动帝京。三百内人连袖舞，一时天上著词声”；张孝祥的“游人不放笙歌歇”；戴复古的“花边把酒，歌舞醉元宵”。总之是举国上下皆狂欢。

为啥乐成这样呢？因为机会难得。现代人有“夜生活”一说，天黑了，逛街、访友、唱歌、泡吧都无妨，可搁古代就不行了。那时候实行“宵禁”，夜间路上禁止行人往来。月黑风高，哪怕出门散步，要是被巡逻的“城管”（以前叫“执金吾”或者“金吾卫”）撞上了，就得罚款挨抽。平时的晚上，百姓只能乖乖在家歇着，可到了元宵节就不同了，政府解除禁令，

［明］吴彬《元夜》，台北故宫博物院藏

［宋］李嵩《观灯图》，台北故宫博物院藏

大伙儿可以自由上街，玩个通宵达旦。苏味道的诗里有“金吾不禁夜，玉漏莫相催”，柳永的词里有“金吾不禁六街游”，都是说元宵弛禁，可以痛痛快快过把瘾。

崔液诗云：“谁家见月能闲坐？何处闻灯不看来？”上街最重要的一桩事当然是赏灯。英语里管元宵节叫Lantern Festival（灯笼节），颇能抓住这个节日的特色。苏味道诗云：“火树银花合，星桥铁锁开。”“火树”和“银花”比喻万盏灯火错落，人间一派通明的盛景；护城河上的桥平日是黑沉沉的，今夜也点缀着无数明灯，有如星星闪烁，所以叫作“星桥”。

当然，那么多人拥入街头，绝不只是为了看灯，还有什么可看的呢？唐人陈嘉言在《上元夜》一诗中道出了此夜的另一番风情：“连手窥潘掾，分头看洛神。”“潘掾”指潘岳，是西晋时的一位超级大帅哥，这里泛指美貌男子；“洛神”是让曹植魂牵梦萦的洛水女神，此处泛指美貌女子。原来女孩子们在元宵夜手拉手跑上街，为的是偷窥帅哥；而男人们则分头行动，“众里寻他千百度”，找寻各自的心上人。在这个“东风夜放花千树”的夜晚，若能在“蓦然回首”时，遇着“灯火阑珊处”的她，也算不辜负如此良辰、如此美景了。

元宵节话元宵

对于热爱美食的中国人来说，过节必须照料好自个儿的口腹之欲，因此几乎每个传统佳节都有一款标志性美食，比如寒食节的青团，端午节的粽子，中秋节的月饼，重阳节的花糕。在各种节日食品中，最了不起的当属元宵，因为只有它能把节日的名称占为己有。“元”者，开端也；“宵”者，夜晚也。“元宵”的本义是一年里的第一个月圆之夜，在这个美好的夜晚，我们要吃一种糯糯甜甜的圆子，因此节日的名字与美食的名字便合二为一了。

英国人管元宵叫sweet dumpling（甜饺子），这个称呼不确切，因为元宵的馅儿也有咸的。美国人的翻译相对比较靠谱，叫rice ball（米球），这个名称抓住了元宵的造型和原料特点，元宵可不就是糯米做的圆球嘛！元宵节吃元宵的习俗大约起源于宋代，不过那时候不叫元宵，人们看见这种糯米球在锅里浮浮沉沉，便叫它“浮圆子”。南宋时的著名政治家周必大写过一首咏元宵的诗，题目有点儿啰唆，叫《元宵煮浮圆子，前辈似未尝赋此，坐间成四韵》。周必大学问很好，既然他说“前辈似未尝赋此”，可见在他之前没什么人为这种美食作诗赋词。全诗是这样的：“今夕知何夕，团圆事事同。汤官寻旧味，灶婢诧新功。星灿乌云里，珠浮浊水中。岁时编杂咏，附此说家风。”“今夕知何夕，团圆事事同”点出元宵节这一特殊时令，此时天上月圆，人间团圆，再吃上一碗浮圆子，便是圆满大吉。“汤官寻旧味，灶婢诧新功”，“汤官”是汉代宫廷中负责供应饼食的官员，不过早期中国人吃的饼不像今天的烧饼，而是用水煮的面食，类似面片儿汤。元宵也是用水煮的，所以有“寻旧味”一说，可这毕竟是新鲜玩意儿，糯米做的，球形的，里头还有各色馅料，难怪厨房里忙活的婢女会觉着新奇有趣。“星灿乌云里，珠浮浊水中”形象地描绘出元宵如玉珠般在水里沉浮的样子，也把无限浪漫搓进了这款美食里。

[清] 戴衢亨《六街喜爆》，台北故宫博物院藏

别看元宵只是一款民间小吃，它还曾与政权兴衰扯上过关系，这就要提到袁世凯了。袁世凯复辟，自封洪宪皇帝，但全国各地反袁、反帝制的呼声让他很是闹心，这时候他听到街上叫卖"元宵"的吆喝声自然不爽，"元"与"袁"同音，"宵"与"消"同音，"元宵"不是明摆着咒他老袁早点儿消亡嘛，于是下令改叫"汤圆"。当时有个媒体人景定成写了好多诗讽刺袁世凯，其中一首就跟此事有关："偏多忌讳触新朝，良夜金吾出禁条。放火点灯都不管，街头莫唱卖元宵。"

其实，"汤圆"这个称呼并非老袁的独家发明，清代中叶李调元有诗云："风雨夜深人散尽，孤灯犹唤卖汤圆。"可见"汤圆"的称呼早就有了。公平地说，老袁此举虽说有点儿敏感过头，但避讳之事古已有之：刘邦的妻子叫吕雉，天下的雉鸟从此改名叫野鸡；唐朝皇帝姓李，便不许百姓吃鲤鱼；最夸张的是明武宗朱厚照，因为他姓朱又属猪，就禁止天下人养猪、卖猪和杀猪。问题是袁世凯不是什么"真命天子"，还要玩避讳的把戏，人民自然不买账。老袁做了八十三天皇帝，被迫下台，没多久便一命呜呼，"元宵"到底成了他迈不过去的坎儿。

元是今朝斗草赢

清明前后，人们常常会去扫墓，缅怀先人。有人可能以为清明是个伤感的节日。其实古时候的清明虽有悲伤的成分，却也是个欢乐热闹的节日。以宋代来说，政府规定以清明这一天为界，连上前后各三天，共放七天长假，这个假期实际上包括了清明节和之前的寒食节。这么长的假期当然不光是上坟扫墓了，活动非常丰富：踏青、访友、荡秋千、放风筝，等等。清明假期中最开心的恐怕要数豆蔻年华的少女了。她们平时受到礼教的约束，很少出门，到了清明便可以借踏青的机会好好放松一下。词人晏殊填过一首《破阵子》，生动地描绘了宋代闺阁少女在清明时的娱乐活动。

燕子来时新社，梨花落后清明。池上碧苔三四点，叶底黄鹂一两声。日长飞絮轻。

巧笑东邻女伴，采桑径里逢迎。疑怪昨宵春梦好，元是今朝斗草赢。笑从双脸生。

"燕子来时新社，梨花落后清明。"这两句用燕子和梨花这两个春天的意象带出新社、清明两个节日。新社又叫春社，是祭祀土地神的日子，在立春后、清明前。古时候的女孩子平时在家要做针线活，到了社日就可以放个假，清明节又可以出门郊游，这的确是她们一年中最愉快的时光了。"池上碧苔三四点，叶底黄鹂一两声。日长飞絮轻。"词人并没有写春日的女孩，而是向我们呈现了一处幽静的园子：春水池塘，点缀着三四点青苔；密林深处偶尔传来几声黄鹂鸟的啼叫，还有柳絮在空中轻轻飞扬。在这般静好的岁月里，时光仿佛格外悠长。园林如此清幽，我们不禁要问：园子里的人呢？他们去了哪里？

这阕词的上片写景，点染出一派清新明净的春光，而上片的幽静恰恰是为了引出下片的热闹来。"巧笑东邻女伴，采桑径里逢迎。"原来这园子里的姑娘跑去找东边邻居家的同伴玩耍，而且恰好在采桑的小路上迎面遇见了邻家女孩。接下来的三句描写了这两个女孩一同游戏的情景："疑怪昨宵春梦好，元是今朝斗草赢。笑从双脸生。"古人与自然十分亲近，而女孩子最喜欢玩的游戏之一就是斗草。怎么玩呢？简单一点儿的，就几个人采摘花草，然后比一比，谁采的种类最多谁就赢了；高级一点儿的玩法是这样的：采集了各种花草之后，大家围坐在一起，一人先拿一草，说出草的名字作为上联，其他人再拿一草，说出草名当下联，意思和平仄都对仗的就赢了。比如《红楼梦》第六十二回里就提到香菱等一群丫头在花园里斗草的情形："这一个说：'我有观音柳。'那一个说：'我有罗汉松。'那一个又说：'我有君子竹。'这一个又说：'我有美人蕉。'这个又说：'我有星星翠。'那个又说：'我有月月红。'这个又说：'我有《牡丹亭》上的牡丹花。'那个又说：'我有《琵琶记》里的枇杷果。'"这样的斗草，把植物知识竞赛和对对子结合在了一起，"低调、奢华、有内涵"。《破阵子》中的两个少女玩的就是斗草游戏，词人并没有直接描写斗草的场面，而是抓住了女孩的小心思和表情："疑怪昨宵春梦好"，怪不得昨晚做了个美梦呢，原来是今天斗草要赢的好兆头，越想越得意，"笑从双脸生"。

"清明"这两个字取自"气清景明，万物皆显"之意，晏殊的这首《破阵子》不仅为我们描绘了清明时的大好春光，也通过展示闺阁少女愉快的生活场景，带给我们一份透明纯净的好心情。

端午节的华丽转身

端午节是我国民间的重要传统节日之一，可为什么这个节日要叫"端午"呢？其实"端午"的"午"原本写作数字"五"。端午节是农历五月初五，每月都有初五、十五、二十五三个带"五"的日子。初五是开头的一个"五"，所以叫"端五"，"端"就是"开端、初始"的意思。按照古代历法，五月恰好对应十二地支中的"午"，渐渐地"端五"就演变成如今的"端午"。

关于端午节的来历有各种说法，最常见的说法是纪念屈原，屈原就是在五月初五自沉于汨罗江的。可苏州人不同意，他们说端午节是为了追忆伍子胥，吴王夫差将伍子胥赐死之后，命人将他的尸体装在皮革里，于五月初五那天投入大江。浙江上虞的百姓则认为端午节跟一个女孩有关，这个女孩名叫曹娥，她的父亲落水而亡，尸体也找不着，曹娥沿江哀号，在五月初五那天投江殉父，于是当地百姓就以五月初五为节日，来纪念这个孝顺的女孩。

不管是哪种说法，都体现出中国百姓的善良，对于那些事业失败的历史人物或是悲情的小女子，我们不愿意他们白白死去，而是通过节日的方式让他们永远活在民族的记忆里。这样的初衷当然好，不过端午节的真正起源跟这些历史人物并无多少关系。端午的民俗在先秦的文献中就有记载，五月初五非但不是什么纪念日，相反还是个特别不吉利的日子。先秦的时候，人们普遍认为，五月是个毒月，五日是个恶日。到了五月初五这天，邪佞当道，五毒并出。怎么办呢？《夏小正》中说："蓄兰，为沐浴也。"采集兰花泡澡，这当然不是为了美容，而是要强身健体、抵抗病毒。古人甚至认为五月初五出生的孩子会"坑爹害妈"。《史记》里说战国四公子之一的孟尝君出生在五月初五，他父亲说："五月子者，长于户齐，将不利其父母。"这天出生的孩子，一旦长到和门一样高时，便会

［明］吴彬《端阳》，台北故宫博物院藏

［清］戴衢亨《蒲节称觞》，台北故宫博物院藏

妨害父母的安康。孟尝君的母亲瞒着他父亲，偷偷地把他拉扯大。宋徽宗赵佶也在五月初五出生，他的父母虽不舍得扔掉他，但一直把他寄养在宫外。

五月初五为什么被视为“毒月恶日”呢？因为那时候是仲夏时节，各种蛇虫都出来活动，容易发生瘟疫，所以古人往往会在这一天展开卫生防疫工作。比如在门上悬挂菖蒲，菖蒲的叶子像剑，可以斩邪魔、驱瘟疫；用彩纸剪成蛇、蝎、蜈蚣、壁虎、蟾蜍的形状贴在家里，以驱五毒；给小孩的手臂上系上五彩丝线，这叫长命缕，是驱鬼用的。

原来，端午节的前身就是古代的“卫生防疫节”，可是后来它慢慢地发生了两大变化：一是“傍”上了名人，有屈原、伍子胥、曹娥等历史人物做形象代言人，端午节实现了华丽转身，从驱瘟避疫的日子变成怀念先贤的神圣节日；二是嬉戏欢乐的成分越来越多，赛龙舟、吃粽子、斗百草等，成了良辰佳节。其实不止端午，中国的许多传统节日都是这样，像春节放爆竹本来是为了驱鬼，后来变成欢乐的象征；元宵节点灯本来是为了祭祀天神，后来成了游艺观灯的全民娱乐活动；重阳节登高本来是为了避灾，后来演变成秋游赏菊。传统节日内容的不断丰富和愈加欢乐说明了一点：中国人是个有创意、有娱乐精神的民族，我们能在日月山川里玩出自己的精彩来！

端午节的美丽谎言

农历五月初五是我国重要的传统节日——端午节。关于端午节的来历有各种说法，但流传最广、最深入人心的恐怕要数纪念屈原一说了。

屈原是战国时期楚国的大臣，他本来是官场上一颗耀眼的明星，深受楚怀王的赏识。那他究竟有哪些引人注目之处呢？首先，屈原出身高贵，在《离骚》一开篇屈原就说自己是“帝高阳之苗裔兮”，高阳氏颛顼是古代传说中“三皇五帝”的“五帝”之一，所以屈原就是帝王的后代；其次，屈原是个文学天才，他创立了“楚辞”这一文体，连大文豪苏东坡都说自己“不能及屈子之万一”；最后，屈原绝不只会吟风弄月，他的实干能力超强，《史记》中就说他：“入则与王图议国事，以出号令；出则接遇宾客，应对诸侯。”对于这样一个出身好、能力强的下属，楚怀王当然是另眼相看，所以屈原的职场生涯刚开始

［清］黄钺《江渡招龙》，台北故宫博物院藏

的时候是一片坦途，二十多岁就官拜副相。不过有一条职场法则是千古不变的，那就是光干得好不行，你得跟同事处好关系。屈原的才华太耀眼，性格又是那种“举世皆浊我独清”的类型，这样自然会遭人嫉恨。一帮小人三天两头在楚怀王面前进谗言，时间一长，楚怀王就疏远了屈原，甚至将他流放。屈原离开之后，楚国的势力渐渐衰败，后来楚怀王被秦国囚禁，客死异乡，楚国的都城也被秦军攻破。流放中的屈原得知这一噩耗，万念俱灰，抱着石头自沉于波涛滚滚的汨罗江。

屈原投江绝对是“感动中国”的经典案例，千百年来，越来越多的人相信端午节就是为纪念屈原而设，因为屈原是在五月初五那天自杀的。甚至很多端午节习俗也和屈原扯上了关系。比如赛龙舟，传说屈原投江之后，百姓划着船要去打捞他的尸体，为什么船的前后要装上龙头、龙尾呢？那是为了把鱼虾吓跑，免得它们啄食屈原的尸骨。

端午节起源于对屈原的纪念，这种说法很浪漫，可惜并非事实。在我们能看到的历史文献里，纪念屈原说最早出自南朝时的《续齐谐记》，这是一本志怪小说，也就是魔幻故事集，只能娱乐，不能当真。再说了，端午节的一些习俗早在屈原之前就有了，比如赛龙舟，《楚辞·九歌》中就描绘了龙舟竞渡的热闹场面。《九歌》的作者是谁呢？就是屈原自己嘛，你总不能说屈原生前就知道自己将来要投江，然后百姓为了纪念他会发明一个叫作龙舟竞渡的体育项目吧！

端午节并非起源于屈原，而是人们把屈原投江的故事附会在这个节日上。这样的附会既体现出中国百姓的善良和真诚，也丰富了端午节的内涵。闻一多先生在《端午的历史教育》这篇文章中说："是谁首先撒的谎，说端午节起于纪念屈原？我佩服他那无上的智慧！"

端午话粽

中国人热爱美食，吃的不仅仅是食物，更是文化。粽子便是一例。

粽子，古时候又叫“角黍”，这名字听起来挺古雅，其实很形象：粽子不管是三角形的，还是四角形的，可不都带角？很早以前粽叶里包的并不是糯米，而是一种黏米，叫“黍”。所以“角黍”就是用叶子把黏米包成带角的形状。一直到明清以后，人们普遍以糯米取代黍米，“粽子”的名称才流行起来。

关于粽子的起源有各种说法，我觉得比较靠谱的是“包烹”之说。我们的祖先发明了以火烹制食物的方法，可有些食物直接搁火里烧，弄不好就焦了煳了，影响口感。于是一帮“吃货”就琢磨：为什么不用大的树叶把食物先包裹起来，然后再用火烹煮呢？他们就做了这个尝试，结果发现剥开树叶之后，里面的食物不仅口感更好，还渗进了树叶的清香，后来经过不断改良，就创造出“包烹”这一新的烹饪方式，而粽子的雏形也就出现了。

粽子很早就出现在中国人的餐桌上，不过一直到晋朝它才正式被定为端午食品。西晋的周处在《风土记》中写道：“仲夏端午，烹鹜角黍。”就是说人们在端午节这天会专门烹制粽子食用。端午节吃粽子的时候，我们常会想到一个人，他就是伟大的爱国诗人屈原。虽然说早在屈原之前就有粽子了，但粽子只有跟屈原关联起来，文化内涵才得到了显著提升。南朝人吴均在《续齐谐记》中首次把粽子和屈原挂钩，书里说屈原投江后，楚地的百姓每到五月初五这天就用竹筒装米，投到江里祭祀他，有一天屈原忽然神奇现身，请百姓以后把楝树叶塞在米上，再用五彩线

［元］佚名《天中佳景》，台北故宫博物院藏

捆绑，那么怕楝树叶和五彩线的蛟龙就不会跟他抢食了，后来人们改用楝树叶和五彩线包裹粽子，延续至今。

《续齐谐记》是一部虚构的志怪小说，但是百姓喜欢这个故事，于是代代相传，直到今天很多人都认为粽子是为了屈原才发明的。当然也有人质疑，宋代词人刘克庄在《贺新郎·端午》一词中就写道："灵均标致高如许。忆生平、既纫兰佩，更怀椒醑。谁信骚魂千载后，波底垂涎角黍。"意思就是：屈原是何等清高傲岸、不同流俗之人，他活着的时候佩兰草、饮芳酒，有谁会相信，他千载之后，会对粽子垂涎三尺？又怎么可能跑去跟蛟龙争吃呢？刘克庄甚至还说"把似而今醒到了，料当年、醉死差无苦"，屈原先生倘若起死回生，看到世人这样祭祀他，肯定气死了，还不如当年醉死拉倒。

民间传说和刘克庄的质疑各有各的道理。百姓用粽子纪念投江的屈原，是出于一片善良之心：用食物祭祀祖先和所崇敬的人，这是中国人最朴素的表达爱的方式。而刘克庄则提醒我们究竟怎样做才是真正地纪念屈原，除了吃粽子、赛龙舟这些民俗活动之外，是不是也应该更多地去了解他的生平，去传扬他的精神？

从祭月到拜月

春节、清明节、端午节和中秋节是中国的四大传统节日。在这四个节日里，中秋节是最晚形成的，大约到唐代才出现，到了宋代才正式被官方确立为法定节日。尽管如此，中秋节在百姓心中的地位可非同一般，为什么呢？这还得从它的演变说起。

中秋节是农历八月十五，又叫“仲秋”。根据古代的历法，农历七、八、九这三个月属于秋季，如果把这三个月像兄弟一样按长幼排列，那么七月是老大，“孟秋”；八月是老二，“仲秋”；九月是老小，“季秋”。八月正好夹在中间，干脆又叫“中秋”。

关于中秋节的起源，民间有各种说法，像什么嫦娥、玉兔、蟾蜍纷纷登场，但这些只是传说，当不得真。目前比较靠谱的观点是：中秋节是在祭月风俗的基础上形成的。古代的帝王

［清］张廷彦《中秋佳庆》，台北故宫博物院藏

有春分祭日、秋分祭月的传统。为什么要祭祀日月呢？用汉代经学大师郑玄的话说，“王者父天而母地，兄日而姊月，故常以春分朝日，秋分夕月”。帝王自命是上天之子，自然要以天为父，以地为母，以日为兄，以月为姐。帝王祭拜天地日月，一来是寻求它们的庇佑，二来也要向世人展示自己对父母有多孝敬，对兄弟姐妹有多友爱，这就是儒家所说的“孝悌”。

祭月是天子的盛大活动，普通百姓虽说沾不上边儿，但心理上还是受到很大影响。大家暗暗琢磨：虽然没资格把月亮当姐姐祭祀，但是拜一拜，求它保佑总可以吧。于是民间逐渐兴起了拜月的风气。帝王在秋分祭月，秋分一般在农历八月十五左右，但因为有闰月的关系，有时候会在八月初或八月末，那岂不是没有圆月，甚至看不到月亮了吗？于是到了唐代，民间干脆选择在八月十五月圆之夜来拜月。古人拜月有求团圆的，有求姻缘的，有求美貌的，还有求考试过关的。据说战国时齐国有个超级丑女叫钟无盐，她年幼的时候曾虔诚拜月，长大后因为品德出众被选入王宫，但因为长相实在难看，始终未被宠幸，某年的中秋夜她又在宫中拜月，偶遇齐宣王，大概是月光惹的祸，齐宣王居然把她看成了绝世美人，决定立她为后，等天亮看清楚，想收回成命已经来不及了。无盐拜月当然只是传说，却反映了人们希望得到月神保佑的心愿。

帝王祭月，百姓拜月，而文人墨客则是玩月。明月本身充满着一种清冷皎洁之美，加上嫦娥奔月、吴刚伐桂、玉兔捣药这些神话故事的兴起，更使它增添了几分浪漫色彩。玩月之风自唐代盛行，文人们把月亮当作审美对象，去品味它、欣赏它、把玩它，以明月为主题的诗作也特别多。像李白的“花间一壶酒，独酌无相亲。举杯邀明月，对影成三人”，把月亮当成知己好友，拉它一同饮酒；张九龄的“海上生明月，天涯共此时。情人怨遥夜，竟夕起相思”，借明月寄托千里的相思；还有张若虚的“江天一色无纤尘，皎皎空中孤月轮。江畔何人初见月，江月何年初照人”，在清澈如水的月色中追问宇宙变迁的奥秘。

［明］吴彬《玩月》，台北故宫博物院藏

从祭月、拜月到玩月，中秋节连同那夜的一轮明月已经深深嵌入中国人的文化记忆中。我们祈求月亮的庇护，借它抒发团圆的心愿，同时也将最瑰丽的想象、最美好的诗篇作为致予它的最高献礼。

嫦娥悔的是什么?

2004年,中国的月球探测工程正式展开,这样一个意义重大的航天项目却有着一个极其浪漫的名字,叫“嫦娥工程”。嫦娥女士为什么能取得冠名权呢?因为自古以来嫦娥奔月的传说已经深深刻入中国人的心灵,我们每每抬头仰望那轮明月,就会不由自主地想到那里住着一个美丽孤独的女人。

据说,嫦娥是后羿的妻子,后羿就是那个用弓箭射下九个太阳的大英雄。后羿从王母娘娘那里求得长生不老药,把它交给妻子保管。后羿留恋人世间的生活,犹豫要不要上天做神仙,但嫦娥不同,作为一个精致优雅的女人,她更向往琼楼玉宇的天宫,下定决心要“移民”,于是趁后羿外出,独自把长生不老药全吃了,“遂奔为月精”,借着强劲的药效,直接飞到月亮上当神仙去了。可登了月她才发现,这上头的日子远没有想象中的惬意,而是一派凄清苦冷的景象。

［宋］马远《对月图》，台北故宫博物院藏

千百年来，嫦娥一直是中国人津津乐道的人物，百姓代代相传着她奔月的神话，诗人词人用无数的诗篇词作来描绘她。按理说，传说中的各路神仙也不少，为什么独独嫦娥有如此大的魅力呢？首先，嫦娥的形象非常亲民，她跟其他神仙最大的不同就是有一个从凡人到神、从人间飞往月球的经历。这就消除了人们对她的心理距离感，毕竟她也曾经是我们中的一分子嘛！其次，神话中的人物形象一般是固定的，善就是善，恶就是恶；但嫦娥不同，她的性格比较复杂，有任性、自私的一面，也有单纯、能自我反省的一面，这种复杂性也增添了她的魅力。最后还有一个重要原因，那就是嫦娥的特殊身份，她是月宫仙子，而自古以来月亮总是能引起人们无限的遐思，当诗人吟颂月亮的时候，这个美丽的女人无疑为他们提供了更多想象的空间。

有关嫦娥的诗词作品非常多，有些人对这个背弃丈夫的女人表示不屑，其中语气最尖刻的大概属唐代诗人袁郊了，他在一首咏月诗中写道："嫦娥窃药出人间，藏在蟾宫不放还。后羿遍寻无觅处，谁知天上却容奸。"除了揭露嫦娥偷药的罪行之外，将天庭也一并指责——这神仙居住的圣地居然还藏着个小偷。袁郊的笔触够辛辣，够犀利，不过大多数诗人对嫦娥还是抱着同情怜惜的态度——背叛丈夫当然不对，但一生的寂寞孤苦已经是最大的惩罚了。唐代诗人李商隐的这首《嫦娥》就反映了这种观点："云母屏风烛影深，长河渐落晓星沉。嫦娥应悔偷灵药，碧海青天夜夜心。"云母石制作的屏风透出残烛幽暗的光影，你可以想象嫦娥的居所有多么清冷。“长河渐落晓星沉”，长河就是银河，一个“渐”字暗示了时光的推移，当启明星低垂之时，这个孤独的女人又挨过了一个漫漫不眠夜。诗人用“应悔”两个字揣测嫦娥奔月后的心理，而“夜夜心”三个字则道出这份孤寂和悔恨不是一夜两夜，而是无数个夜晚，没有穷尽。

我们不妨追问一句：嫦娥悔的是什么？她偷吃灵药得以长生不老，却失去了与丈夫相携相伴、共度一生的乐趣。要知道中国人的爱情观是“只羡鸳鸯不羡仙”，相比富贵繁华的天宫，我们更相信人世间那份踏实朴素的幸福。所以当我们遥望明月，想起嫦娥的时候，请更珍惜身边的人和已经拥有的美满团圆。

首批登月的动物

有一年我请一位美国朋友来家里过中秋节，晚饭后我们坐在一起赏月，我就跟他聊起了和月亮有关的种种神话传说。听到后来，这位朋友不停地感叹："中国的传统文化太了不起了！"我问他为什么，他回答说："美国宇航员阿姆斯特朗于1969年登上了月亮的土地，这是人类的双脚首次踏上月球。可听了这些故事我才知道，你们中国人早就用想象力把嫦娥、吴刚、玉兔、蟾蜍和桂树统统送到月亮上去了。有男有女，有动物有植物，太伟大了！"感叹完之后，他又不解地问我："世界上有那么多动物，中国人为什么偏偏选择把癞蛤蟆和小白兔送到月亮上去呢？小白兔倒也罢了，蛮可爱的；癞蛤蟆多恶心，嫦娥天天看见它，不会倒胃口吗？"

我把原因跟他说了之后，他吃惊得下巴都快掉下来了：蟾蜍之所以在月亮上，是因为它根本就是嫦娥变的。嫦娥偷吃了丈夫后羿从王母娘娘那儿求来的长生不老药，直接奔到了月亮上。据西汉古籍《淮南子》中记载，她“托身于月，是为蟾蜍，而为月精”。就是说嫦娥化身为蟾蜍，成为月亮之神。对于绝世美女变癞蛤蟆的典故，我的美国朋友表示难以接受，我就告诉他：“你们西方童话里不是也有王子变青蛙的桥段吗？可见这种人兽互变是神话故事或者童话故事的惯用套路，没什么稀奇的。”他继续追问：“是不是因为中国人特别厌恶那种背弃丈夫的女人，所以就把嫦娥变成丑陋的癞蛤蟆以示惩罚？”这完全是以今人之腹度古人之心，要知道蟾蜍在中国传统文化中是吉祥如意的化身，古人认为蟾蜍能活三千年，是长寿的象征；而且在汉代及其之前，蟾蜍就一直被认为是“月精”，月中之神。在长沙马王堆出土的西汉帛画中，月亮上面就画着一只伏在地上的大蛤蟆。所以让嫦娥变身蟾蜍并没有任何道德批判的意思。

如果说蟾蜍是嫦娥的化身，那么玉兔则可以看成她的小宠物。其实玉兔最初的主人并不是嫦娥，而是王母娘娘。这只兔子是在王母娘娘手下“打工”的，主要负责制造长生不老药，所以我们经常看到的玉兔形象就是挥舞着捣药杵，在药臼中不停地捣，非常勤奋。后来人们考虑到仙姿玉貌的嫦娥姑娘一个人待在月宫中，冷冷清清、孤单寂寞，就想着不如把王母娘娘手下的小白兔派去给她做个伴儿，就这样勤劳的玉兔被送去了月宫，继续从事制药工作。晋代文学家傅玄在《拟天问》中就说：“月中何有？白兔捣药。”白兔长得讨喜，干的又是医疗行业的工作，传说它能用仙药医治百姓的疾病，所以受到人们的敬奉。尤其是到了明清以后，民间开始单独祭祀玉兔，把它塑造成一位威武可爱的将军模样，北京人管它叫“兔儿爷”，在封建时代“爷”可是对尊贵之人的称呼呢！

蟾蜍和玉兔幸运地成为世界上首批登月的动物——虽然只是在神话当中，但这两个小家伙为月亮增添了一丝温馨浪漫的色彩，人们也渐渐习惯于用它们的名字作为月亮的代称。比如蟾宫、冰蟾、金蟾、蟾轮、玉兔、金兔、瑶兔、蟾兔，要是在古诗文中读到这些名称，你要知道它们指的并非丑丑的癞蛤蟆或顽皮的小白兔，而是悬挂在天边的那轮明月。

住在月亮里的男人

每逢中秋来临，人们都要围坐在一起赏月，在皎洁的月光下，还会给家中的小朋友讲述跟月亮有关的神话传说。月亮里住着一位美丽的姑娘，叫嫦娥；还住着两种动物，一只可爱的白兔和一只丑丑的蟾蜍；还有个男人，他就是吴刚。毛主席的词里就有“问讯吴刚何所有，吴刚捧出桂花酒”。那么吴刚是何许人，又为什么会跑到月亮上去呢？

吴刚和嫦娥一样都是神话里被虚构出来的人物，不过他的资历跟嫦娥没法比。嫦娥奔月的故事在商代就出现了，到了汉代已经家喻户晓；而根据现有的古籍文献，吴刚的正式亮相是在唐朝人段成式撰写的《酉阳杂俎》一书中。书上说月亮里有株桂树，高五百丈，“下有一人，常斫之，树创随合”。树下有一个人负责砍树，问题是这棵桂树相当奇怪，斧头砍的伤口会自动复原，所以永远砍不倒。这倒霉的砍树人“姓吴名刚，学仙有过，谪令伐树”，吴刚本来想当神仙，没想到触犯了天条，天帝为了惩罚他，就派给他这么一个不可能完成的任务。这让我想起另一个倒霉的男人，他是希腊神话里的人物，名叫西西弗斯。西西弗斯得罪了诸神，他得到的审判是将一块巨大的石头推上山顶，这块石头刚被推上山顶，又会自动滚下来，西西弗斯只好不断重复同样的劳动。我们不妨把吴刚看成中国版的“西西弗斯”。

月中的桂树怎么砍也砍不倒，这固然是对吴刚的惩罚，可其中还另有深意，它象征着月亮的灵魂永远不死，即便暗淡一时也会恢复光明。有一首流行歌曲的歌词是“月亮的脸偷偷地在改变”，用古人的话说，这叫“月有阴晴圆缺”。古人观察到月亮大致有四种不同的相貌，分别是：朔、弦、望、晦。农历每个月的初一就是“朔”，这一天看不到月亮；然后月亮慢慢出来，到了初七、初八呈半圆形，形状就跟带弦的弓似的，称为“上弦”；接着月亮越来越圆，到了十五那天圆得像个银盘，称为“望”；之后月亮慢慢变小，到了二十二、二十三又变成半圆形，就是“下弦”；而到了月底，就只剩下一点点残月，几乎看不见了，所以叫作“晦”。“晦”就是“昏暗不明”的意思。可是昏暗了几天，月亮还会恢复光明，可不就像月宫中的桂树，被砍的伤口很快就会愈合吗？类似的传说其他民族也有，比如苏门答腊有个神话就说月亮里有个人在不停地纺线，可是每天夜里都有老鼠跑来把线咬断，迫使其从头再来。断了又纺的线和砍了又长的桂树一样，都代表着月亮周而复始的盈亏。

吴刚使出浑身解数也砍不倒的桂树，诗人词人却能运用想象力将它砍倒。比如杜甫，他在安史之乱中与妻儿分离，在一个月夜忽发奇想，说“斫却月中桂，清光应更多”，砍去了桂树，月光便能更加清澈地照见他日思夜想的家人。宋代词人辛弃疾也写道：“斫去桂婆娑。人道是、清光更多。”他是借桂树比喻那些围绕在君主身边的小人，去除了这些人，清明的政治之光才能遍洒人间。

月饼的老祖宗

每逢中秋，各色月饼纷纷上市。月饼又叫“团圆饼”，是合家团圆的象征。对于中国人来说，月饼早已成为中秋节最重要的民俗符号。

关于月饼的来历，民间有各种传说，其中人气指数最高的一个版本跟元朝末年的农民起义有关。据说元朝皇帝为了加强对百姓的统治，规定每十户人家设立一个“管家公”，意图很明显，就是要时时刻刻监控百姓，防止百姓有造反的举动。这些管家公仗势欺人，百姓实在忍无可忍，偷偷跑去找朱元璋的起义队伍，请求他除掉管家公。朱元璋很为难，这些管家公人数众多，又散布在百姓中间，很难一举清除，而且官兵搜查严密，消息也不容易传递出去。这时候军师刘伯温给出了个主意，他让人放出风声，说老天爷要降大难于人间，想要幸免就得在八月十五中秋节的夜晚对月吃饼。于是大家争相跑去糕点店买饼，等把饼掰开一看，里头有张小字条，上面写着："中秋子夜时，齐杀管家公。"百姓感到奇怪，悄悄一打听，发现家家户户的饼里都有这么张字条，于是一起拿起菜刀、棍棒，将管家公打得落花流水。为纪念这次起义的成功，朱元璋在建立了大明王朝之后就下令每年中秋节吃月饼。

把月饼的起源与军事谋略挂上钩，听起来惊心动魄，不过这毕竟只是传说，可以娱乐，不能当真。月饼当然也是饼的一种，要追溯它的源头，就要从饼的历史说起。月饼的老祖宗其实叫"胡饼"，汉语词汇里但凡带个"胡"字的东西多是从西域传入，像胡萝卜、胡椒、胡麻、胡桃等，胡饼也不例外。在胡饼传入之前，中原大地的"饼"基本上都是汤饼，就是面片儿汤，还有一种蒸饼，相当于今天的馒头。那胡饼是什么样的呢？就是一种又大又圆的烧饼。从外形上讲，它最接近于后来的月饼。胡饼非常受欢迎，到了唐代人们还在饼里加上馅，使之更加美味。

到了宋代，朴素的胡饼摇身一变，成了风雅的月饼。最常被引用的例证就是大文豪苏东坡的诗句："小饼如嚼月，中有酥与饴。""如嚼月"就说明这种饼的外形像月亮一样圆圆的；"中有酥与饴"是说饼里有酥油和饴糖，入口酥软香甜。这样的描述的确与月饼很像。苏东坡的这首诗是在朋友为他饯行的宴会上即兴创作的，时间恰恰就在农历八月。由此看来，他所品尝的很可能就是月饼。

根据现有的文献记载，中秋节吃月饼这一习俗在中国真正风行起来是在明朝。明代的文学家田汝成在《西湖游览志馀》中就明确指出:“八月十五日谓之中秋,民间以月饼相遗,取团圆之义。是夕,人家有赏月之宴。”月饼在当时主要有两大功能:一是作为祭拜月亮的供品,二是作为亲友间互相馈赠、联络感情的工具。从此,中秋节吃月饼正式成为中国人的节令习俗。

从原料来说,月饼不过是一种普通糕点,而且传统月饼油多、糖多、热量高,不宜多吃。可不管怎样,就因为这枚小小的饼与月亮、与中秋、与传统联系在一起,它便成了中秋节不可或缺的食品。要知道很多文化现象并不是什么物质现象,而是人类的一种感情现象。

重阳佳致好登高

农历九月初九是我国的传统节日重阳节，为什么叫“重阳”呢？根据传统的阴阳五行观念，世间万物都可以分成阴阳两类，数字也不例外：双数为阴，单数为阳。九月初九是两个最大的阳数“九”的重合，故称“重阳”。

重阳节的民俗活动丰富多彩，其中最重要的一项大概就数登高望远了。唐诗中有很多关于重阳登高的描述，像张说的“黄花宜泛酒，青岳好登高”，登得很惬意；杜甫的“重阳独酌杯中酒，抱病起登江上台”，登得很颓废；储光羲的“少年自古未得意，日暮萧条登古台”，登得很沧桑。还有人是被朋友硬拖着去登山的，比如白居易就写道：“病爱枕席凉，日高眠未辍。兄弟呼我起，今日重阳节。起登西原望，怀抱同一豁。”秋高气爽，本想跟舒服的床榻多缠绵一会儿，可是那帮哥们儿非拉他去爬山。叫我说，白居易是身在福中不知福，想想人家王维“遥知兄弟登高处，遍插茱萸少一人”，就因为“独在异乡为异客”，想跟兄弟们一起登山也办不到，只能一个人发呆、感叹。

重阳登高的习俗起源于何时已无从考证，不过南朝志怪小说《续齐谐记》里倒是有个相关的传说。东汉时有个叫桓景的人，拜术士费长房为师学习法术。有一天费长房告诉桓景说他家在九月初九那天会遭遇大灾，桓景吓得脸色都白了。费长房叫桓景家里每人各做一个红色小袋子，里面装上茱萸，系在手臂上，然后爬上高山，饮菊花酒，这样就能消灾避难。桓景遵从老师的指令，全家人登上高山，等傍晚回到家一看，家里的鸡、狗、牛、羊统统死光了。费长房说，这些牲畜是代桓景全家受了灾。

《续齐谐记》里的这个故事当然只是传说，但从中我们可以看出，重阳登高最初很可能是出于消灾辟邪的考虑，后来才慢慢演化为一种娱乐活动。百姓三五成群，结伴登高多是为

［明］吴彬《登高》，台北故宫博物院藏

了图乐子。元代马谦斋的一首小令就描绘了重阳登高的热闹场面:“香山叠翠。红叶西风衬马蹄。重阳佳致，千金曾费。黄橙绿醅，烂醉登高会。”美景佳肴再加上好酒，自然欢畅无比。同样是登高，文人墨客们的情绪则复杂得多，如果你去翻阅一下唐代重阳诗里的登高之作就会发现，欢乐只占很少的一部分，大多数作品里充满孤独苍凉之感。有人在登高时思乡怀友，如朱庆馀的“登高思旧友，满目是穷荒”；有人在登高时感喟自身之不幸，如刘禹锡的“年年上高处，未省不伤心”；还有人在登高时思考生死穷通之变，如李白的“登高望山海，满目悲古昔”。登高，使人从日常生活的牵绊中抽离开，有充裕的时间审视内心；望远，使人在无边无际中倍感个体之渺小、生命之短暂，所以诗人难免兴尽悲来。

无论是消灾避祸、娱乐聚会，还是感怀宇宙、思考生命，每个人都可以给自己寻得一个登高的理由，在眺望山水中抒发自己的重阳情怀。

阳历与阴历

小时候有件事情总困扰着我，每次提到某天是几月几号，外婆和我的说法总是不一样。就拿我的生日来说，明明是五月十三日，外婆却说是三月二十九，于是我每年都要过两次生日。既然人不可能两次跨入同一条河流，那我妈也不能生我两回啊，同一个人为什么会有两个生日呢？长大些我才明白，原来外婆和我用的并非同一种历法，我用的是阳历，外婆用的是阴历。

阳历和阴历有什么区别呢？单从名称上就能看出来。阳历的“阳”字，右半边是“日”，也就是太阳，这种历法与地球环绕太阳的周年运动有关，将地球绕太阳公转一周的时间定为一年；而阴历的“阴”字，右半边是“月”，阴历是按月亮的月相周期来安排的历法，以月球绕行地球一周为一月。

有人认为阳历比阴历先进，因为阳历又叫“新历”，它是民国元年才颁布使用的历法。而阴历则叫“旧历”，在中国已有几千年的历史了。可新的一定比旧的强吗？倒也未必。阳历最大的优势在于它的国际通行性，阳历又叫“公历”，顾名思义，这是一种公用的历法，为国际社会上很多国家所采用。可阴历的好处也很多，比如渔民需要对潮水涨落了如指掌，那就该用阴历。因为潮汐受月球运动的影响，而阴历可以反映月亮变化的规律。使用阳历的人，虽然也说“几月几日”，可阳历的“月”跟月亮毫无关系，无法判断月亮的阴晴圆缺。而阴历则不然，如果是阴历八月十五，那天上一定挂着银盘似的满月。因此有赏月闲情的人，必要熟悉阴历才好。于我而言，阴历最大的用处是提示传统节日的到来和吃吃喝喝的契机，比如正月十五吃元宵，五月初五吃粽子，八月十五啃月饼，十二月初八喝腊八粥。

关于阳历、阴历，还有一种误会是认为阳历是舶来品，而阴历是中国原创。中国的天空中既有太阳也有月亮，外国的天空中也是如此，所以无论阳历还是阴历，都并非某一国家所专有。而且中国的阴历并非“正宗”的阴历，为什么这么说呢？一个阴历月平均约二十九天半，如果以十二个月为一年的话，那一年只有三百五十四天或三百五十五天，比阳历年少了十一天左右。别小看了这十一天的区别，积少成多，积累上个十六七年，就会相差六个月。这就意味着我们如今在冬天过春节，等十六年后就得在炎炎夏日过了。为了避免这种现象，中国的阴历便于十九年置七闰，这样就能与阳历的一年大致保持一致了。所以说中国人几千年来使用的阴历其实是阴阳合历，目前只有伊斯兰教的回历才是严格意义上的阴历。

我们管阴历又叫农历，这种说法极其普遍，却不准确。数千年来，民间虽然都用阴历，但农民使用的其实是阳历，这便是二十四节气。二十四节气是指导农业生产的，时间必须固定，就拿“立春”这个节气来说，时间总在阳历的2月4日左右，若是使用阴历，时早时晚，农民很难把握。可见，就农事而言，非阳历不可。管阴历叫农历，实在是外行得很。

/ 社交礼仪 /

“姓”为何是女字旁？

我们大多数人都跟父亲姓，这似乎是人类社会约定俗成的规矩。可是我的一位闺蜜对此很有意见，她跟我说：“凭什么呢？我辛辛苦苦地十月怀胎，好不容易生个娃儿，却得跟男人姓？”我就劝她说：“人不都这样吗？还好你生在中国，要是在美国，别说孩子了，连你都得跟你男人姓。”我这样一说，她就更不服气了：“‘姓’字怎么写啊？左边是‘女’，右边是‘生’，女人生的就该跟女人姓。”你别说，她的话还真不是强词夺理。“姓”字的确和女人有关。

东汉的许慎在《说文解字》中这样解释“姓”字：“姓，人所生也。古之神圣人，母感天而生子，故称天子。”也就是说，古代的圣贤都是没有父亲的，是母亲“感天而生”的。我们不妨来举几个例子。三皇之首的伏羲氏，他的母亲华胥在郊外偶然发现一个巨大的脚印，就好奇地把脚伸进去比一比，没想到这一比居然就有了身孕，一直怀了十二年，终于生下伏羲。后来，一个叫姜嫄的女子也踩进了巨大的脚印里，结果身体产生了强烈的感觉，就像怀孕一样，于是生下后稷。这件事在《史记》中有记载，说姜嫄觉得此事不祥，孩子来得太怪异，就找个偏僻的巷子把他抛弃了，没想到“马牛过者皆辟不践”，经过的马、牛都怕踩到这个“弃婴”，远远地就绕开了；第二次，姜嫄又想把他扔在树林里，但那天林子里的人特别多，没丢成；第三次，姜嫄把他扔在结冰的河面上，结果有鸟儿飞来用翅膀护住这个弱小的生命。三次都没扔掉，姜嫄觉得这孩子肯定有神性，这才把他抚养成人，后稷后来成为周朝的始祖。还有尧，据说是他母亲遇到一条赤龙生下的；治水的大禹，据说他母亲吃了薏苡，胸部坼裂，把他生出来了；黄帝也是他母亲看到电光在北斗星间缭绕，于是“感而怀孕”。

当然，这些只是神话传说，但这些“圣人靠母亲感天而生”的故事有两个意义。一是给这些圣贤都戴上了神秘的光环。你想，人跟人生的凡夫俗子怎么能和人跟神生的比呢？在西方文化中，也有对“半人半神”的崇拜，希腊神话里，杀了蛇发女妖美杜莎的英雄珀尔修斯就是天神宙斯和人间女子的孩子，耶稣也是其母玛利亚“感天而生”的。二是证明了我们的祖先确实经历过只知母而不知父的时代，也就是母系氏族社会。那时候，家庭以女性为中心，女家长跟子女、外孙、外孙女共同生活在一起。男人如果要到女方家，得给钱，还得出劳动力；要是表现不好，女方随时可以请他离开，再换别的男人来。这种婚姻很不固定,孩子不确定父亲是谁,只能跟女方姓。直到新中国成立前,云南纳西族的摩梭人还保留着这种古老习俗,叫"阿注婚"。

在中国,越是古老的姓,带女字旁的就越多,像姬、姜、姚、嬴、嫪……这些古老的姓告诉我们,人类的确曾有过以女性为中心的社会。

古人为何要改姓？

俗语说“大丈夫行不更名，坐不改姓”，一般光明磊落的人都不屑于隐瞒自己的姓名。尤其是姓，那是老祖宗流传下来的，怎么能随便改呢？但事情总有例外，历史上改姓的情况的确有，而且原因有很多：有自愿的，有被迫的；有荣耀的，也有悲哀的。我们来说说几种比较常见的改姓情况。

第一种是因为避祸而改姓。现代法治社会强调“一人做事一人当”，谁犯法谁服罪，可封建时代刑罚非常严酷，有一种制度叫作“连坐”，就是一人犯罪，亲戚、邻居乃至朋友都得跟着受罚。所以，俗语说的“坐不改姓”，不是说做事情不改姓，更不是说坐下来不改姓，而是说就算要受“连坐”之苦，也不改姓。可并非所有的人都有这样不怕死的胆量，很多人为了自保，就将改姓作为求生之路。比如《史记》的作者司马迁因言获罪，据说他的两个儿子害怕受到牵连就改名换姓、移居他乡，大儿子取“司马”的“马”字，加上两点，改姓“冯”；小儿子取“司”字，加一竖，改姓“同”。千百年来，他们的姓氏虽然不同，但血缘是相通的。所以民间有一种说法叫“冯同不亲”，就是姓冯的人家和姓同的人家不能结亲家。另一个因避祸而改姓的例子就是方孝孺的后人。明代时，朱棣篡位，在他杀进南京城之前，他的谋臣姚广孝就劝他不要杀重臣方孝孺，否则天下读书的种子就灭绝了。朱棣一开始对方孝孺十分客气，请他起草登基诏书，可方孝孺只写了四个字：“燕贼篡位”，并且又哭又骂。朱棣一怒之下将方孝孺处死，并下令灭其十族，就是九族再加上他的学生。在中国历史上，方孝孺是第一个，也是唯一一个被灭了十族的人，遇难人数高达八百七十三人。据说个别侥幸逃生的方氏族人改姓“施”，这个姓改得别有深意，把“施”字拆开就是“方人也”三个字，这是改姓而不忘本。

第二种是因为皇帝赐姓而改姓。皇帝赐姓是无上的荣耀，自然得欢欢喜喜地改姓。最典型的例子就是明代著名的航海家郑和，他本姓马，因为跟随明成祖朱棣争夺皇位有功，所以被赐姓“郑”。为什么赐姓“郑”而不是“朱”呢？一来，郑和是个太监，颁赐国姓不太合适；二来，据说他是在郑村坝战役中立下大功的，所以赐姓“郑”。再比如明朝末年的大将郑成功，原名叫郑森，因为抗清有功，被赐姓“朱”，赐名“成功”，所以郑成功应该叫“朱成功”，“郑成功”是清朝招讨他的称呼。

第三种是因为避讳而改姓。比如清朝的雍正皇帝为了表明对儒学的尊崇，就下令凡是姓丘的人都犯了孔子的名讳，必须改姓。怎么改呢？改姓“邱”。还有天上的嫦娥，原本叫恒娥，为了避汉文帝刘恒的讳，改为“嫦娥”。

除了以上这三种情况之外，还有少数民族改汉姓的，因为过继、收养改姓的，因为嫁人或入赘改姓的，实在是太多了。了解古人改姓的缘由，不仅可以对姓氏有更多的认识，也可以更好地理解传统文化。

“赵钱孙李”，从何来？

说到百家姓，很多人的第一反应就是“赵钱孙李，周吴郑王”。然而根据国家统计局最新出炉的百家姓排名榜单，位居前四位的却是“王李张刘”这四个姓。你可以盘点一下周围的亲朋好友，肯定有这四个姓氏的人。那么在新出炉的榜单中，“赵”“钱”“孙”又排名第几呢？“赵”排名第八，“钱”排名第九十二，“孙”排名第十二。那这三个姓在过去为什么能挤入前三呢？我们就来聊聊“赵钱孙李”这一排名的由来。

“赵钱孙李”出自传统的童蒙读物《百家姓》，其作者是北宋初年钱塘（即今天的杭州）的一位书生。这位书生热衷于早教，他把常见的姓氏编成四字一句的韵文，便于小孩子诵读和记忆。那时候没有科学的人口普查，所以《百家姓》的排名肯定不是按照人口数量的多少，而是以读来顺口为原则。不过，排名前几位的这几个姓却是大有名堂的。

先说“赵”姓，它为何排名第一呢？《百家姓》编著于北宋初年，当时的皇帝就姓赵，全天下的百姓都是赵家的子民，你敢不把“赵”排在第一位？那可就是欺君大罪，弄不好要掉脑袋的。

那么排名第二的为什么是“钱”姓呢？南宋学者王明清在《玉照新志》一书中对此做了考证，他说：“其首云：‘赵钱孙李’，盖钱氏奉正朔，赵本朝国姓，所以钱次之。”钱氏是吴越国国王的姓氏，吴越国是五代十国时期相对稳定的一个割据政权，其都城在杭州。吴越国的创立者钱镠是一位颇有才干的君主，他坚持“以民为本，民以食为天”的国策，广罗人才，发展农桑，将吴越建设成繁荣富庶之地。同时，他还是一个有情有义的风雅之人。每年寒食节后，吴越王妃都要回乡省亲，并在娘家住一段日子。钱镠很思念自己的妻子，他虽有千万个理由催她回来，却在信笺上写下短短九个字：“陌上花开，可缓缓归矣。”明明是催爱人归来，却说“缓缓”，别急着奔波；明明是想念妻子，却只说陌上花开，可慢慢欣赏。似海的深情都隐藏在含蓄隽永的一句话里。钱镠临终之前，给子孙留下遗嘱，说：“如遇真君主，宜速归附。”意思是如果有真正能一统天下的人出现，不要兴兵，应纳土归顺。后来，北宋建立，钱镠的后代钱俶遵从祖训，献出国土，俯首为臣。江浙一带的百姓免遭战乱之苦，一直感念吴越钱王。《百家姓》的作者就是吴越人，因此他将“钱”姓排在第二位。钱俶的妻子姓孙，于是“孙”姓就被排在第三位。排名第四的“李”是南唐国皇室的姓，南唐与吴越毗邻。南唐被北宋消灭后，南唐后主李煜还留下“问君能有几多愁？恰似一江春水向东流”这样悲壮伤感的句子。

“赵钱孙李”，有三个是帝王的姓，一个是王妃的姓，它们在《百家姓》中排名前列靠的是政治势力；“王李张刘”，今天的百家姓排名则完全以人口数量为依据了。

在唐朝如何与杜甫打招呼？

对于现代人来说，“名字”就是一个单纯的词，词义无法再分割了。然而对于中国古代人而言，名是名，字是字，不可以混为一谈。比如大诗人杜甫，字子美；李白，字太白。为什么古人要在名之外另取一个字呢？这还得从他们的成人仪式说起。

据《礼记·内则》记载，上古时期，小宝宝出生三个月后，母亲就会把他抱到父亲身边，父亲会握住孩子的右手，“咳而名之”。“咳”在这里不念ké，而念hāi。父亲的动作很温柔，用食指轻轻挠着宝宝的下巴，把他逗笑，并在这个时候为他取名。二十年之后，孩子长大成人，就要举行专门的成人仪式，叫作“冠礼”。在冠礼上，由一位德高望重的人担任正宾，由他负责给这位二十岁的青年取一个表字。当然，这里指的是男孩子，女孩子一般十五岁就嫁人了，在出嫁的时候就有了自己的字。

所以，古人的名是父亲取的，字是长者贵人取的。不过，一个人的名和字之间通常有所联系。有的时候字是名的补充或解释，比如诸葛亮，字孔明，“亮”和“明”是一个意思；张飞，字翼德，“翼”就是翅膀，飞翔就得靠翅膀扇动的功德；岳飞和张飞同名，都叫“飞”，岳飞字鹏举，大鹏举翅就是飞；白居易，“居易”就是活得踏实安心，他的字是乐天，就是说不管处于怎样的人生境遇，保持乐观的心态、顺其自然才能活得舒心，所以“乐天”是因，“居易”是果。有的时候名和字的意思是相反的，比如韩愈，字退之，“愈”表示向前、超越，而“退之”恰恰相反；朱熹，字元晦，“熹”代表光明，而“晦”表示幽暗；赵孟頫，字子昂，“頫”与“俯”同义，而“昂”与“俯”是对反义词。字与名意思相反，这也反映出古人的一种平衡的智慧。

今天我们一般都直呼其名，至少平辈之间是这样的。在不少西方国家，儿子见到父亲、儿媳见到婆婆也是直呼其名。但在中国古代，这是万万不行的。如果你是个文学爱好者，而且穿越到唐朝，万一遇到杜甫，千万别激动地称呼人家“杜甫”，这样就严重失礼了，因为平辈之间、晚辈对长辈、“粉丝”对偶像都要以字相称，以示尊敬。正确的说法应当是：子美兄，久仰久仰！除非你是杜甫的长辈或是他的上级，才能直呼其名。当然，要是你请杜甫签名的话，他一定签“杜甫”，不会签“杜子美”，因为自报姓名，他人才以字相称。

字，是成年之后才有的，它的主要用途是在交际时便于对方称呼自己，使用频率自然要比名高些。有些人的字实在是太有名了，以至于人们对他们的名反而不熟悉了，这种现象叫“以字行”。比如屈原，名平，原是他的字；项羽，名籍，羽是字；孟浩然，浩然是字，他父亲给他取的名已不可考。

古时候的“网名”

小时候学历史，最痛苦的一件事儿就是记人名，当时觉得古代的人真是事儿多，一个人有好几个称呼，搞得后人头昏脑涨。比方说张白圭、张叔大、张太岳、张江陵、张文忠公，听起来像五个人，可其实是同一个人——明朝重臣张居正。白圭是他小时候用的名，叔大是他的字，太岳是他的号；他是湖北江陵人，所以又叫张江陵；至于文忠公，是他死后皇帝奉送的荣誉头衔，叫“谥号”。对古人而言，林林总总的称呼中，大部分是别人赋予自己的：名是出生以后父亲取的，字是成年之后，也就是男子二十岁、女子十五岁左右时，德高望重的长辈取的。在社交活动中，自称时称名不称字，尊敬别人时称字不称名。在这些称呼中，只有号通常是自己取的，很能体现个性。而且，名和字是父辈所起，一般不能变更；而号，自己想取几个都行。

取号的习惯在唐宋以前并不流行，它的兴起跟文人讲究文雅、追求个性密切相关。古人的号，有的与居住地有关，比如李白号青莲居士，因为他小时候生活在四川青莲乡；郑板桥号板桥道人，因为他老家的河上有座小桥，人称“古板桥”。有的号则体现了个人的生活情趣。欧阳修晚年号六一居士，有人就问他为什么叫“六一”，欧阳修说：“吾家藏书一万卷，集录三代以来金石遗文一千卷，有琴一张，有棋一局，而常置酒一壶。”那人掰着手指头数，这不才五个一嘛，欧阳修指指自个儿，加上这一老头儿，流连于五物之间，不就是“六一”了嘛！古人特别爱用某某居士、某某道人、某某山人为号，这未必与宗教信仰相关，而是为了表现自己淡泊名利、远离红尘的志向。

古人的别号里有表达自信的，比如乾隆晚年总结了自己一生打过的十次重要的胜仗，于是自号“十全老人”；也有表达悲伤的，比如明末清初的著名学者傅山，在明朝灭亡之后，自号“朱衣道人”，而且经常穿上红色的衣服，“朱衣”表面上指的是衣服的颜色，实际上却是明朝的象征，因为明朝皇帝就姓朱，傅山的别号寄寓着对逝去王朝的深深眷恋。

不管是帝王将相还是贩夫走卒，名，人人都有。而字主要用于社交场合，通常有一定社会地位的人才有。古代的底层百姓地位比较低贱，一般就只有名，甚至小名当大名用，像《红楼梦》里刘姥姥的女婿王狗儿，“狗儿”显然是小名。至于号，那是文人雅士的需要。名也好，字也罢，都是他人对自己的期许；号，则是自我的塑造与表达。有些人的号比名和字都要响亮，比如苏东坡。他被贬到湖北黄州，日子穷困，可他并不抱怨，而是开垦了一块荒地，每天扛着锄头下地干活，这块荒地位于黄州城东边的小山坡上，于是他就给自己取了一个号，叫“东坡居士”。相比别的称呼，后人更喜欢叫他“苏东坡”，因为这个别号里蕴含着一个才华横溢的文人在逆境中的豁达与乐观。

出淤泥而可爱的小名

很多人家喜欢给孩子取个小名，平时称呼起来很亲切。这个传统其实古已有之。小名，又叫小字，因为常常是在孩子出生不久，哺乳期的时候就取了，所以又称为乳名。无论是王侯将相，还是贩夫走卒，几乎人人都有小名。下层平民不讲究，小名常常就用一辈子，像《窦娥冤》里企图霸占窦娥的张驴儿，“驴儿”显然是小名，但当成大名用了。至于那些有文化、有地位的人，长大以后都自称大名，除了家人、朋友外，一般不知道其小名为何。比如文治武功盛极一时的汉武帝刘彻，小名就叫“彘儿”，翻译成现代汉语就是“小猪仔儿”。

堂堂帝王怎么有这么低贱的小名呢？原来古时候医疗条件比较差，人们又迷信，认为取个卑贱点儿的小名，可以让孩子健康成长。《红楼梦》里有这么一段，王熙凤的女儿从小身体不好，老是闹病，好几岁了也没敢给她取名，后来刘姥姥来了，王熙凤就拜托她取名，说："你就给她起个名字，借借你的寿；二则你们是庄稼人，不怕你恼，到底贫苦些，你们贫苦人起个名字，只怕压得住。"不管是让贫贱的人取名，还是取个贫贱的名，道理都一样，就是想辟邪祛病。

古人取小名有几种常见的方法。比方说以排行为名，汉高祖刘邦是家里的第三个儿子，所以小名叫刘三儿。还有在某个字前头加个"阿"字，比如曹操的小名是阿瞒，刘备之子刘禅的小名是阿斗。再有用动物，像狗、羊、猪、马之类的作小名，比如东晋的大画家顾恺之，小名是虎头；西汉文学家司马相如，小名是犬子，就是狗崽子。还有一种，就是给男人取个特别女性化的小名，比如唐代大诗人李白给儿子取的小名就叫"明月奴"。李白对月亮真是情有独钟，一辈子写了许多关于月亮的诗，给孩子取小名还不忘月亮。男人的小名中有"奴"字的十分常见，书法家王献之的小名是"官奴"，陈后主陈叔宝的小名是"黄奴"，大奸臣李林甫的小名是"哥奴"，还有隋朝开国皇帝杨坚的父亲杨忠，史书上说他"美髭髯，身长七尺八寸，状貌瑰伟，武艺绝伦"，但人家的小名相当柔弱，叫"奴奴"。为什么要取女性化的小名呢？完全是男尊女卑的封建观念在作祟。

有些古人的小名里头还包含着他们的生平逸事，颇有趣味。比如《后汉书》的作者范晔，小字是砖儿，据说他母亲是在上厕所的时候生下他，一不小心把他的脑袋撞到了砖头上，肿了一个大包，所以用"砖"作了小名。东晋山水诗人谢灵运出生后没多久就被送到别人家寄养，一直到十五岁才回归故里，所以乳名是客儿，纪念他从小就在别人家作客。五代吴越国的创建者钱镠的小名是婆留，原来他出生的时候红光满室，他父母以为是个怪胎，想要丢到井里，但钱镠的祖母却坚持认为这孩子有异禀，坚决要留下抚养，所以取小字婆留，意思是被阿婆留下来的。

如果用一句话来概括小名的特点，那就是：不像名而是名，越是粗野鄙俗，越有小名的味道。不过小名的卑贱与绰号不同，难听的绰号是来自他人的讽刺调侃，而难听的小名却洋溢着父母亲人的真爱和祝福。

死后的“好评”与“差评”

古代的名人往往有好几个称呼，比如苏轼、苏子瞻、苏东坡、苏文忠公都是同一个人。轼是名，子瞻是字，东坡是号，这几个都是苏学士生前就有的称呼；只有“文忠”这个称号，是他去世之后，朝廷特别赐予的，叫作谥号。在高级官员死后，给他颁发荣誉称号，是封建帝王的一种统治策略，目的是笼络人心。既然是皇家的恩典，自然不能随便得到。“物以稀为贵”，历代王朝对官员获得谥号的资格都有明确规定。比如在清代，只有一品大臣过世，才有可能获得谥号，一品以下，除非特旨，否则不会有谥号。

官员的谥号一般都是一到两个字，明清时统一为两个字。而且从明代开始，谥号里的用字有了高下之分。就拿“文”字为例，这个字在明代以前很普通，谥号里很常见，但从明武宗正德年间开始，规定只有进士出身的人，才能以“文”作谥号。

就是说在国家科举考试中名列前茅的人，死了之后才能与这个“文”字匹配。有的官员年轻时候书念得一般，主要是靠实际工作表现被提拔起来，那他就算位列一品，也与“文”字无缘。晚清重臣左宗棠的政治、军事才能非常出众，可惜他只是举人出身，因此他一直对自己的学历耿耿于怀，担心百年之后得不到“文”字谥号。有一年左宗棠在新疆领兵作战，却突然上折子要求辞职，说得赶回京师参加进士考试。皇帝一看，赶紧召开廷议，决定特赐他“进士”称号，考试就免了。左宗棠死后，果然获得谥号“文襄”。在“文”字打头的谥号里，也有等级区别，最高级的就属“文正”这两个字了。比如曾国藩，谥号就是“文正”，所以后人又称他曾文正公。据说，当张之洞知道曾国藩得了这个谥号的时候，愤然道：“如涤生（曾国藩号涤生）者，也能谥‘文正’，那我又该得谥如何？”他自认为功绩要在曾国藩之上，不过他死后，谥号是“文襄”，跟左宗棠一样，比“文正”差了好几级。

谥号是对一个人的“盖棺定论”，可这“定论”也可能随着时间推移发生改变。比如南宋奸相秦桧，死后宋高宗赐给他一个很美的谥号“忠献”，褒奖他既聪明睿智又忠心耿耿。可几十年后，该美谥被宋宁宗追夺。好评被撤销也就罢了，宋宁宗还给他补上一差评“缪丑”。什么叫“缪”呢？“名与实爽曰缪”，就是名不副实。将秦桧的美谥改为恶谥，就是骂他名实相悖、奸猾狡诈。

谥号有由好改差的，有没有由差改好的呢？有。关羽就是典型。关羽死后，被刘备的儿子刘禅追谥为“壮缪侯”。这个谥号很耐人寻味，“武而不遂曰壮，名与实爽曰缪”，合在一起的意思就是虽然武勇但没什么建树，是个名实不符的花架子。刘禅之所以给出这么一个差评，是因为在他看来，蜀汉政权衰弱的直接原因就是关羽丢失荆州，兵败身死。可见当时人对关羽的评价并不高，不过后来的统治者看中了关羽身上忠义的品质，业务能力不重要，关键是态度好。出于统治需要，关羽逐渐被请上神坛。到了清朝乾隆时期，乾隆帝觉得这么忠肝义胆的人物怎么能得差评，于是将关羽的谥号改为“忠义侯”。

二十五个字的谥号

我看过一部三国题材的电视剧，里面有一位皇帝，他一直被曹操挟持利用，最后还将皇位禅让给曹操的儿子曹丕。这位皇帝大家都熟悉，就是汉献帝刘协。有意思的是，在这部电视剧里，刘协还坐在皇帝宝座上呢，一班大臣提到他都称“献帝”，这个细节不靠谱。因为“献帝”是刘协死了之后，曹魏给他加的谥号，完整的称呼是“孝献皇帝”。汉代倡导以孝治天下，因此很多皇帝驾崩之后，谥号里头都有个“孝”字；至于“献”，聪明睿哲曰“献”。这是曹家人送给刘协的一顶高帽子：选择将皇位献出，真是太明智了。总之，“献帝”是刘协死了之后才有的谥号，他生前是万万不可能被人这么称呼的。

所谓“谥号”有几个要素：第一，这是给死人的；第二，这项称号不是人人百年之后都能有的，只有帝王、后妃、重要的大臣等相当有社会地位的人才会有；第三，谥号是由别人评定并授予的，君主的谥号由礼官确定，再由即位的皇帝宣布，大臣的谥号由朝廷赐予。总之，谥号就是对一个人的“盖棺定论”。

既然是对一个人总结性的评价，自然是有褒有贬。古代帝王的谥号大致可以分为三种，第一种叫美谥，当然就是夸赞褒奖的，像文、武、景、康、明、睿，都是好字眼；第二种叫平谥，无所谓褒贬，但常常会带着点儿同情的味道，像哀、怀、悼、愍，有这些字作谥号的皇帝不是短命就是死得很惨；第三种叫恶谥，就是差评了。比如周幽王为博美女褒姒一笑，烽火戏诸侯，最后丧于犬戎之祸，他的谥号“幽”表示言语行动有悖常理。隋炀帝杨广的“炀”字是唐高祖李渊给他起的，“炀”的意思是贪图享乐、荒废国事。实际上，杨广开凿了大运河、开创了科举取士的制度，历史功绩不可否定，不能因为改朝换代就给他差评。所以杨广的孙子给爷爷起的谥号就是“隋明帝”。不过想想也是，人都死了，还给个差评，确实不太厚道。所以宋代以后，恶谥就被取消了。

谥号制度在西周就已经形成，到了秦始皇那儿，他觉得自己的文治武功是前无古人、后无来者，儿子也好，臣子也罢，没资格评价自己，于是他干脆废除了谥号制度。直到西汉时期，谥号制度才恢复。

我们来看看对这三位皇帝的称呼：汉武帝、唐太宗、乾隆帝。武帝是谥号，太宗是庙号。所谓庙号，是皇帝死后在庙中被供奉时的称号。而乾隆是年号，是皇帝登基时启用的。为什么我们不都用谥号来称呼他们呢？因为在唐代以前，帝王的谥号就一两个字，唐代时谥号字数逐渐增加，反正给老祖宗戴高帽子也是件挺能满足虚荣心的事儿，像唐太宗李世民的谥号就从“文皇帝”一直加到“文武大圣大广孝皇帝”，不大好记，于是唐以后帝王皆称庙号或年号。比如乾隆，我们可以称他的年号，也可以称他的庙号“清高宗”。至于他的谥号，“法天隆运至诚先觉体元立极敷文奋武钦明孝慈神圣纯皇帝”，你要是有兴趣这么称呼他，我也没意见。

“不讲理”的避讳

李贺是唐代著名的诗人，他的很多诗句，像“大漠沙如雪，燕山月似钩”“黑云压城城欲摧，甲光向日金鳞开”，咱们小时候都背过。李贺天分高，六七岁的时候就写得一手好诗，名满京城。当时文坛的两位“大腕”韩愈和皇甫湜特地去拜访他，李贺应对自如，当场就以自己的原创作品把他们征服。李贺还很刻苦，出门时身后跟着一个小男仆，骑着驴子、背着锦囊，李贺灵感一来，立马写在纸上，搓个团扔锦囊里，回家后就把这些小纸团掏出来，整理成诗歌。李贺母亲看到儿子这样用功，很是心疼，感叹道：“是儿要当呕出心乃已耳！”这是要吐出心血来才罢休啊！像李贺这样有才华又勤奋的青年本该有个光辉灿烂的前程，可他却偏偏在科举的路上栽了一大跟头。

二十一岁那年，李贺到长安参加进士考试，可就在临考前没几天，却突然被取消了考试资格。为什么呢？居然是因为他早已过世的父亲。古代有避讳的传统，但凡遇到父亲、母亲、祖父、曾祖父等长辈的名字，在说话、做事、写文章的时候都得避开。李贺的父亲名叫李晋肃，这“晋”字恰好与“进士”的“进”同音。有人就向考试部门举报：李贺父亲的名字里有“晋”字，他居然来考进士，太不孝了。这理由听起来相当牵强，但在古代，避父母的讳还真不算新鲜事。司马迁的父亲名叫司马谈，所以整部《史记》里没有一个“谈”字。宋代有个诗人叫徐积，因为他父亲名石，于是他一辈子都不用石头做的东西，走路遇到石子也要万分小心，绝对不可以踩到。

不但父亲的名字要避讳，母亲的名字也要避讳。“诗圣”杜甫写了三千多首诗，没有一首诗是咏海棠花的，据说就是因为他母亲名叫海棠。《红楼梦》里的林黛玉，其母叫贾敏，所以她读书的时候只要遇到“敏”字就读“密”，写字时遇到“敏”字就减去一两笔。

避讳虽然是个传统，却并非不可通融。古人就提出“二名不偏讳”，两个字避开一个就可以，比如李贺父亲名为晋肃，只要说“晋”的时候不说“肃”，说“肃”的时候不说“晋”就行了。看来父亲的名字并不是李贺科举之路的绊脚石，那真正的绊脚石又是什么呢？李贺在一首诗中提到了这件事，其中有两句是：“洛风送马入长关，阖扇未开逢猰犬。”意思是他高高兴兴地来长安考试，结果城门还没进，就遇到疯狗了。疯狗自然是指那些嫉贤妒能的小人，不合理的规则只有落到小人手里才会变成害人的利器。大文豪韩愈听闻此事，愤愤不平，提笔作文埋汰这帮小人，其中有一句很精彩：“父名晋肃，子不得举进士，若父名仁，子不得为人乎？”父亲名为晋肃，儿子不可以考进士，要是父亲名仁，儿子就不要做人了吗？

避讳“害死”猪

明武宗朱厚照是明朝的第十位皇帝。这位皇帝相当另类，他人生的最大爱好就是玩。比方说他把形形色色的动物圈养在宫内，把紫禁城变成了动物园；他还玩角色扮演，自己装扮成小贩，让太监装成商家，互相讨价还价。他最大的爱好之一是玩失踪，自己从皇宫里偷偷跑走，让大臣们跟在后头追。后代的史家对于明武宗的态度很矛盾，有人骂他荒淫无度，也有人说他是追求个性解放的代表。

1519年，朱厚照打着视察工作的口号，前往江南旅游。在从扬州到南京的路上，他突发奇想，颁布了一道圣旨：禁止百姓养猪、买卖猪。这道旨意可是相当地“坑爹”。猪儿浑身都是宝，经济价值高，是家家户户重要的家畜。以前普通人家食品种类没有现在丰富，能吃上一顿红烧肉，那是莫大的幸福。但是皇帝的旨意谁敢不从，一时间全天下的猪都遭了殃，被迅速地赶尽杀绝。胆大点儿的人，把猪杀了，先海吃几天，吃不完再扔；胆小的人，干脆把家里的猪都赶到深山野林里去，愣是把家猪逼成野猪。圣旨里说："如若故违，本犯并连当房家小发遣极边卫，永远充军。"在古代，发边充军是一种非常严厉的处罚，在明代这是仅次于死罪的重罪。发边充军的人因为长途颠簸和水土不服，多半会客死他乡，幸存者终生不得返乡。是让猪绝种，还是人灭亡，这是个不需要思考的问题。一时间猪肉从市场上彻底绝迹，人不吃猪肉也就罢了，问题是猪肉还是古时候祭祀神灵的重要祭品。由于猪肉绝迹，当年祭祀孔子大典上的猪只能被替换成羊，连孔老夫子吃猪肉的权利也被无情地剥夺了。

养了几千年的猪怎么就给禁了呢？难道皇帝成为素食主义者了？当然不是。明武宗在《禁猪令》中明确地做出解释：养猪、杀猪、卖猪都是寻常的事，"但当爵本命，既而又姓，虽然字异，实乃音同"。所谓"当爵本命"，就是说朱厚照的属相是猪；而明朝皇帝又姓朱，和"猪"同音。于是这位缺心眼的皇帝认为自己属猪又姓朱，杀猪就是杀他，吃猪肉就是吃朱家皇帝的肉，这还了得？实在是大逆不道。

其实避皇帝的讳，是自古就有的。刘邦是皇帝，《汉书》中所有的"邦"字都改为"国"。刘邦的妻子名叫吕雉，"雉"就是野鸡，为了避讳，天下的雉统统改名为野鸡。咱们吃的山药，古时候叫薯蓣，先是为了避唐代宗李豫的讳，改名叫薯药；到了宋朝，为了避宋英宗赵曙的讳，改名为山药。避讳不是新鲜事，但像朱厚照这样为避属相和姓的讳而禁止养猪，就真是过分了。

眼看猪就要在中华大地绝种，在这千钧一发的时刻，大臣们纷纷上书，历数猪的种种优点，提出猪肉直接关系到人民的幸福指数，如果百姓连猪肉都吃不上，那国家就岌岌可危了。在强大的舆论压力下，《禁猪令》只坚持了三个月就草草结束。不加约束的权力会带来腐败，不加约束的权力再加上愚昧无知，就只能制造出荒唐的闹剧。

衣领里的文明密码

《圣经·创世记》里说，上帝创造了人类始祖亚当和夏娃，他们生活在伊甸园里，后来受蛇的引诱吃下禁果，这才产生了羞耻感，于是随手扯下无花果的叶子遮住私密处。这两片无花果叶子虽然简陋，却是人类最早的衣服，它暗示我们：衣服不只可以挡风避寒，还具备社会功能性——最早是遮羞，随着文明的演进，又成为身份、地位的象征。用巴尔扎克的话说，“人们能够从服装上看出谁生活优裕，谁整天劳作，谁穷苦不堪，甚至谁来自哪个居民区”。

衣着服饰可以作为划分社会阶层的标志。古代管平民百姓叫“黔首”，“黔”是“黑色”的意思，秦朝的时候百姓用黑巾裹头，故以之代指平民。百姓还可以叫“布衣”，因为麻布衣服便宜，是平民的日常装束。诸葛亮在《出师表》里说“臣本布衣，躬耕于南阳”，他原来是在南阳卧龙岗种田的一介草民。有官职的士大夫则称作“缙绅”,“绅”是束在衣服外面的腰带,“缙”是“插”的意思。古代大臣上朝要带一块笏板,相当于今天的记事本,就插在绅带上,因此就用“缙绅”代指官员。中国人通过头巾、衣服和腰带来推断一个人的社会地位,西方人则简单得多,看衣领就行了:精英阶层叫“金领”(gold collar),脑力劳动者叫“白领”(white collar),体力劳动者叫“蓝领”(blue collar),至于“粉领”(pink collar)就是女性职员的代称了。

服饰也可以体现一个人的性别。我们称女子为“巾帼”,巾帼本指妇女头上的头巾和发饰。《晋书》中有段记载,说诸葛亮多次向司马懿挑战,但司马懿就是避而不应,诸葛亮便使个激将法,派人给司马懿送去“巾帼妇人之饰”,嘲笑他像女人一样胆小。

服饰还可以体现一个人的身份。比如青年学子,古时叫“青衿”。《诗经》里有句云:“青青子衿,悠悠我心。”风华正茂的青年牵动着少女的心。“青衿”就是青色交领的衣服,这相当于周朝学子们的校服。中国人以“青衿”代指青年才俊,英国人则以“黑袍”(black gown)代指。这袍子我也有一件,是在剑桥读书时的校服,穿上身就像《哈利·波特》里的魔法师一样。但凡有重要的活动或宴会,校方都要求我们穿黑袍出席。一开始我很不理解,后来才知道,这黑袍是中古僧侣制度遗留的产物,那时候的剑桥大学还是修道院,黑袍是修道士们区别于市井居民的标志,它提醒穿着者:你的职责是侍奉上帝，是捍卫文明，须时时自重自律，自强不息。了解来历之后，我便与身上的那袭黑袍亲近起来，觉得它比我的衣橱里其他任何一件衣服都好看，不在于样式、剪裁或面料，而在于那份庄重的内涵。

文明在左，习俗在右

意大利诗人但丁曾说过："走自己的路，让别人去说吧！"但丁说的路是人生之路，你当然可以也应该自主地做出选择。但在公共道路上，显然不能想走哪儿就走哪儿，必须按照约定俗成的习惯来。在走路这件事上，全世界七十多亿人口可以分为两派：靠右行的有四十多亿人，像美国、俄罗斯、德国等国都是"交通右行"；靠左行的有二十多亿人，像英国、日本、新西兰等国都是"交通左行"。

咱们中国人当然是靠右走，其实这一行路规范的历史相当遥远，大约可以追溯到三千年前。《仪礼》中记载了周代贵族射箭比赛的规则：射箭的人分为两队，每次每队各出一人合成一组上场比赛，上一组射完后下场时，下一组同时准备上场，当这两组选手在台阶前擦身而过的时候，必须"交于阶前，相左"，双方都必须从对方的左边走过去，换句话说就是靠自己的右边走。那为什么要这样呢？原因其实在两只手上。人的哪只手更强有力？不考虑左撇子的情况，一般人肯定是右手更有攻击力，拿兵器的通常也是右手。所以，当两人迎面相对的时候，如果靠各自的左边走，那彼此的右手离得近，容易向对方展开攻击；如果靠各自的右边走，那彼此的右手就离得远，不会给对方造成威胁感。打仗的时候，你得往敌人的右边冲，这样方便用右手与敌人厮杀，但射箭比赛只是游戏，不是打仗，你得讲文明，所以就要从对手的左边过去，表示友好。

古时候，只有在两种情况下人们靠左边走，一是打仗，二是丧礼。因为这两件事都跟死人有关，不吉利，所以左行。而在日常生活中，为了向对面的来人表示和平的善意，人们靠右边走。那么为什么会有国家选择靠左边走呢？这就是思维方式的不同了。叶国良先生在《礼制与风俗》这本书里就指出："英国、日本的思维却是强调自己有自我防卫的权利，因为靠左边走，利于拔剑、使枪，自我防卫，这也不能说不合理。"

咱们再来说说男女同行的问题。一男一女搭伴出门，谁左谁右呢？根据国际惯例，当然是男左女右，因为这样方便男士照顾女士。可在中国古代恰恰是相反的，《礼记》里说得很清楚："道路，男子由右，女子由左。"就是说男女向同一个方向行进时，男子要走在女子的右侧，之所以如此，是出于"男女授受不亲"的考虑。如果男左女右，男人要是用右手牵牵女人的小手，摸摸女人的裙子，岂不是很方便？如果男右女左，男人的右手离女人远远的，不就避嫌了嘛！

时代不同，习俗有所差异；国情不同，礼仪也要灵活调整。有一次我跟一位男同事出门打车，出租车到了，这位男同事真是绅士，殷勤地为我打开车门，请我先进去。这一看就是在国外待过的人。不过他没考虑到国外的出租车左右两边的车门都能打开，男士先护送女士从一边进去，自己再从另一边上车；而中国的出租车只开右门，女士如果先进，就得辛苦地往里给男士挪座，要是穿裙子就更不方便了。所以车到了之后，中国的绅士们最明智的做法就是：自个儿赶紧往里钻。

古人结婚穿什么颜色的衣服？

女人一辈子会拥有无数件衣服，但最重要的一件应该是婚礼上的那袭礼服了。那这件衣服是什么颜色的呢？不同的时代很不一样。周朝人结婚，男女双方必须穿玄色，也就是黑色的礼服。现代人会觉得不吉利，可一直到汉代，人们都遵循着周朝的制度，结婚时穿黑色礼服。因为那时候人认为，丈夫是阳，妻子是阴，迎娶妻子必须在傍晚，因为那是“阳往而阴来”的时候。而在众多的颜色中，黑色代表阴，所以在傍晚娶代表“阴”的妻子，就得穿黑色礼服。不过，这礼服虽然是黑色的，却镶着红边。红色代表阳，黑色加红边，体现了阴阳平衡的思想。

唐朝人结婚，穿得可靓丽了。汉语里有个词叫“红男绿女”，形容那些打扮时尚的青年男女。可为什么是“红男绿女”，而不是“红女绿男”呢？这跟唐代的婚服颜色有关。唐代新娘不穿红色，她们的婚纱叫“青质连裳”，就是一种青绿色的长款礼服；而新郎穿的倒是红色。一红一绿，大胆撞色，喜庆热闹，又能展示雍容华贵的大唐气象，顺带还贡献了“红男绿女”一词。

我们通常以为古代的新娘都穿红色，其实这个习俗是到明代才确定下来的。明代人很有意思，他们认为男人娶妻也是人生的一项重要成就，俗称“小登科”。所以男人在结婚那天，即便是一介平民，也可以破例穿上九品官服，青绿色的。男人可以借结婚之机过过当官的瘾，女人自然也可以过过当官太太的瘾。所以从明代开始，女子出嫁头戴凤冠，身披霞帔，这是贵妇级别的殊荣，但在结婚那天哪怕是平民女子也可以享用。这项规定相当人性化，一辈子就一回，谁不想风风光光的呢！这种心理古今相通，现代人哪怕平时都是挤公交车、踩自行车，在大喜的日子也得租几辆汽车吧。

如今很多新娘都穿白色的婚纱，这要搁古时候是不可想象的。古人什么时候穿白色衣服呢？丧礼上。在中国人看来，白色是非常不吉利的颜色，因为根据五行学说，白色与“金木水火土”中的“金”相对应，在方位上又对应着西方。西方的守护神是白虎，是杀伐之神，所以白色也就沾上了死亡的气息。中国人办丧事，称为“白事”，要穿白衣、佩白花。《史记》中写荆轲告别燕太子丹去刺秦王，“太子及宾客知其事者，皆白衣冠以送之”，统统穿白衣、戴白帽给他送行，因为知道他基本上是去送死的，就算诀别了。既然白色是不祥的象征，现代姑娘们结婚为什么要穿白色婚纱呢？这其实是跟西方学的。在西方人的观念里，白色是纯洁、神圣、美好的象征。英语中跟白色有关的短语几乎都是褒义的，比如white day（白色的日子），就是咱们说的“黄道吉日”；white flag（白旗），这在咱们中国是投降的意思，可在西方文化中举白旗代表祈求和平。可见，不同的文化对颜色的理解有很大差别。

从古至今，不同朝代的中国新娘们穿着不同颜色的礼服步入婚姻的殿堂，黑色、绿色、红色、白色，不管是什么颜色的婚服，它们都见证着主人一生中最美丽、最幸福的时刻。

秦始皇的幸运色

溥仪是清朝的最后一位皇帝，也是中国历史上的最后一位帝王。他曾经写过一本回忆录，叫《我的前半生》。在这本书的开篇，他提到了自己童年时代最熟悉的一种颜色，他说："每当回想起自己的童年，我脑子里便浮起一层黄色：琉璃瓦顶是黄的，轿子是黄的，椅垫子是黄的，衣服帽子的里面、腰上系的带子、吃饭喝茶的瓷制碗碟、包盖稀饭锅子的棉套、裹书的包袱皮、窗帘、马缰……无一不是黄的。这种独家占有的所谓明黄色，从小把唯我独尊的自我意识埋进了我的心底，给了我与众不同的'天性'。"提到跟帝王匹配的颜色，我们都会毫不犹豫地想到黄色。可为什么是黄色呢？它又是从什么时候起成为皇家的专用色彩呢？

其实不是每位皇帝都爱黄色。我看过一张秦始皇的画像，穿黄色龙袍，特威武神气。不过一看就知道画画的人没什么历史常识。秦始皇根本不可能穿黄色龙袍。秦始皇爱黑色，不是因为有个性，而是因为他非常相信五行与王朝命运的关系。五行就是“金木水火土”，它们分别对应着白、青、黑、赤、黄这五种颜色。有一种学说叫“五德终始说”，就是说每个王朝都对应着五行中的一个。周朝是火德，秦朝取代了周朝，正如水能克火一样，所以秦朝就是水德。水对应的是什么颜色呢？黑色。所以黑色就成了秦始皇的幸运色，从龙袍到国旗，都是黑色的。后来，汉朝取代了秦朝，那汉朝就属于土德，因为土能克水。土对应的是黄色，所以汉朝就崇尚黄色，从汉文帝刘恒开始正式将黄色作为龙袍的颜色。汉朝统治的时间长，有四百多年，渐渐地黄色作为尊贵颜色的观念就深入人心了，加上“五德终始说”后来衰落了，汉朝以后的很多皇帝就都把黄色作为幸运色。

最初，皇帝穿黄色的衣服，老百姓也可以穿。可从唐代开始，黄色成为皇帝的专用色。唐代人认为黄色是太阳的颜色，太阳是皇帝的象征，所谓“天无二日，国无二君”，大家都穿黄色，岂不是弄出无数个太阳来了。于是唐高宗下了一道圣旨，要求臣下和百姓都不许穿黄用黄。从此黄色就被帝王垄断，其他人要是用了黄色就是僭越，弄不好要掉脑袋。溥仪在《我的前半生》中就提到，他小的时候，亲弟弟溥杰会到宫中来跟他一起玩，有一次溥仪偶然发现弟弟的内衣颜色居然接近黄色，于是立马摆出皇帝的架子，大发雷霆。

黄色象征着帝王的尊严，也是中华民族的代表色。我们的祖先叫黄帝，我们的母亲河是黄河，中国农民千百年来耕种着黄土地，中华儿女都是黄色的皮肤。不过，神圣而尊贵的黄色在现当代语境下却常常带有负面的含意。其实，黄色与色情联系在一起，这与传统文化并没有关系，而是源自西方的观念。19世纪末美国报业竞争激烈，一些报纸为了吸引眼球，就刊登色情、凶杀之类的社会新闻，再配上惊悚的标题，这段时期被称为“黄色新闻”时期（Yellow Journalism），后来这种新闻观念也影响了中国。现代人远离了皇权的统治，生活在媒体竞争激烈的时代，对黄色的观念也就自然发生了转变。

从卑贱到尊贵：一种颜色的成长史

媒体上说到某明星出名了，往往会用一个词“红得发紫”。可为什么不用别的颜色，比如红得发蓝、红得发黑，偏偏要发“紫”呢？有人可能会说，因为紫色在中国的传统文化中是极其尊贵的颜色，明清两朝的皇帝住的皇宫就叫紫禁城。其实紫禁城这个名称跟颜色关系不大，主要是根据星相学起的。古人认为在天上众多的星辰里，有一颗特别尊贵，是“众星之首”，什么星呢？北极星，也叫紫微星，它是天帝的代表星座。既然天上皇帝住的宫殿叫紫宫，那地上皇帝住的宫殿也得有个相匹配的名字，所以就叫紫禁城。所谓“禁”就是“皇家重地，闲人不得入内”的意思。

其实紫色最初并不是什么尊贵的颜色。我们现在说“红得发紫”，可最早的时候紫色的地位跟红色比差远了。因为红色是正色，紫色是间色。所谓正色就是跟五行相对应的白、青、黑、赤、黄这五种颜色，赤色就是红色。而紫色是赤和青混合在一起调配出的颜色，这叫间色，或者杂色。从咱们今天的时尚角度来看，管它是正色还是杂色，好看就成。可在传统的文化观念中，颜色的背后是有道德内涵的：红色好，是正统的象征；紫色不纯粹，是不正统的，甚至是邪恶的。孔老夫子在《论语》中就义正词严地申明自己痛恨紫色。为什么呢？孔子的理由是“恶紫之夺朱也”。因为紫色乍看上去跟红色有些接近，毕竟也有红色成分嘛，所以会迷惑人，看上去像真的，实际上却是假的。孔子的看法很有影响力，后来人们往往把以邪犯正、以下乱上比作“以紫夺朱”。王莽篡位，《汉书》上给他的评价就是“紫色蛙声”。明明就是低贱的紫色，还想装红色；明明是青蛙呱呱乱叫，还愣要冒充美好的乐章。

紫色很卑微，孔子提出，正式的衣服都不能用紫色，要是实在喜欢，那就穿紫色内衣吧。尽管如此，中国历史上有位君王却非常喜欢紫色，他就是齐桓公。他名叫小白，估计皮肤也挺白吧，喜欢穿着紫袍子四处晃悠。一国之君对时尚潮流的影响是巨大的，一时间齐国人都开始穿紫色，紫色布料的价格飞涨，比素色布料贵了五倍多。齐桓公犯愁了，就问管仲怎么办。管仲告诉他，他不穿紫色衣服就行了。齐桓公听了他的意见，不穿紫色衣服了，果然没几天国人中没一个穿紫色衣服了。

孔子厌恶紫色，齐桓公也放弃了自己对紫色的偏好。不过随着时间的推移，人们的色彩观念慢慢发生了变化，紫色的地位开始提升，而“品色衣”制度的兴起使紫色真正成为尊贵的颜色。“品色衣”就是以官员服装的颜色作为品级区分的标志。这一制度始于北周，形成于唐代，宋、元、明、清四朝一直沿用，只是略微有些调整。就拿唐代官服来说，三品以上的高官穿紫色，四品、五品官员穿红色。所以要是你官运亨通，总在皇帝面前晃悠，那就是“大红大紫”；要是你原本穿红袍，但马上要升官而改穿紫袍，那就叫“红得发紫”。

“皇帝诏曰”了啥？

许多古装电视剧里都有这样的场景：太监吆喝一声“圣旨到”，臣子们战战兢兢地跪在地上，太监将一卷黄灿灿的圣旨徐徐展开，大声念道：“奉天承运，皇帝诏曰……”这看似无比熟悉的一幕，其中却有问题：圣旨就是黄灿灿的一卷布吗？它的开头究竟用什么样的套语？历朝历代的皇帝下旨，难道都说“奉天承运，皇帝诏曰”这八个字吗？这八个字又究竟该怎样读呢？如果编剧、导演们弄不清楚这些问题，那宣读圣旨的戏就免不了要闹笑话。

其实最初，皇帝颁布的命令并不叫“圣旨”。在春秋战国时期，按照类别的不同，帝令被称作“命”“令”或“政”。倒是那些当臣子的，为了拍好皇帝的马屁，表现出对君权的无限敬仰，一天到晚把“圣”字挂在嘴边，时间一长就衍生出“圣旨”这个专用词。一直到宋代，皇帝和大臣们才将帝令通称为“圣旨”。真正的圣旨并不都是黄灿灿的一卷布，有刻在竹简上的，有刻在石碑上的，有写在纸上的，还有刻在金牌上的。岳飞曾被宋高宗用十二道金牌紧急招还，那些金牌就是圣旨。为郑重起见，皇帝常常会选一些固定的词语或者句子作为圣旨的开头。比方说，唐代诏书正文常常用“门下”两字开头，门下就是门下省，是中央最高政府机构之一，皇帝的旨意一般要经门下省审核批准之后，才能正式对外颁布，因此用“门下”开头以示其合法性。再比方说，元代的很多诏书开头的套语是：“长生天气力里，大福荫护助里”，这是蒙古语的音译，后来经过汉族文人的润色，这句拗口的套语被译成“上天眷命”，境界立马上了一个层次。

可有一个人对元代诏书的开头语“上天眷命”表示不满，他认为这四个字的口气“未尽谦卑奉顺之意”。这个人名叫朱元璋，他推翻了上天不再眷顾的元朝，还将元朝的“上天眷命”改成“奉天承运”，意思是他是奉受天命、继承新生气运而当上皇帝的。这一改，口气的确谦卑了不少。我们知道朱元璋出身贫寒，当他南征北战、建立政权之后，最在意的就是加强皇权，证明自己当皇帝的合法性。而“奉天承运”这四个字让他心里无比踏实，他将朝会的正殿命名为“奉天殿”，还在玉圭上刻上“奉天法祖”四个大字，颁布给臣下的圣旨也必定用“奉天承运皇帝”开头。请注意，从语法角度来看，“奉天承运”是修饰皇帝的，所以电视剧里“奉天承运，皇帝诏曰”的断句是错误的，准确的读法应当是“奉天承运皇帝，诏曰”，翻译成现代汉语就是“奉上天之命而承世运之道的皇帝下诏书说”。

“奉天承运皇帝，诏曰”是朱元璋首创，清朝仍然沿用明代的称呼，因为清朝的发祥地盛京也有“奉天府”，都想表示自己是天命所系。这八个大字一直用到溥仪退位方才结束，此时天命、气运都不管用了，政权的归属最终靠的是民心。

“臣妾”为何真的做不到?

现在的很多古装电视剧中,皇后妃嫔们和皇帝说话的时候,常常以“臣妾”自居,像什么“臣妾恭候多时”“臣妾知错了”“臣妾冤枉啊”,还有随着电视剧《甄嬛传》而走红网络的那句“臣妾做不到啊”。然而在历史上,皇后和妃嫔绝对不会称自己为“臣妾”。要想了解“臣妾”的本义,我们首先应该弄清楚“臣”“妾”这两个字各自的含义。

“臣”在甲骨文中是象形字。这是一只眼睛(),将眼睛竖起来(),就是“臣”字。人的眼睛什么时候会竖起来呢?只有在侧面低头的时候,眼睛看起来才是竖着的,所以“臣”字的本义就是俯首下视,屈服听命。“臣”最早是指在战争中被抓获的男性俘虏,这些俘虏如果没有被杀,就会沦为奴隶,因此“臣”又指男性奴隶。无论是俘虏还是奴隶,都是下贱之人,要做出卑躬屈膝的样子,而且他们得时时刻刻睁大眼睛，诚惶诚恐地伺候主人。古代的官吏也是这样，虽然他们的地位比奴隶高了许多，但见了皇帝依然要放下身段，低眉顺眼。正因为如此，“臣”字又慢慢演化为官员的自称。

咱们再来看看“妾”这个字。甲骨文中的“妾”字是这样的( )：下面是朝着左边下跪的女人，她的头顶上是一把平头铲刀。《说文解字》中说：“妾，有罪女子。”原来“妾”字的本义是女性俘虏，她们被抓获以后，会被人用刀在头上刺字，当作奴隶使唤。女奴隶倘若有几分姿色，还要为奴隶主表演歌舞，甚至满足他们的肉体需要。这样就逐渐引申出我们现在所熟知的“妾”的意思，就是男人在正妻之外所纳的女子。“妾”还有一种用法，就是作为女子的谦称，像崔颢《长干行》中的“君家何处住，妾住在横塘”，这里的“妾”就是指“我”。

“臣”“妾”分别用于男人和女人对自己的谦称，那它们能不能连在一起用呢？可以，但一般只有三种情况：一是作为对男女奴隶和臣民的统称，比如魏征给唐太宗上书说：“四海九州，尽为臣妾”；二是作为动词使用，表示统治管辖，比如“臣妾万国”，就是以万国为臣妾，统领各个番邦属国；三是用在和皇帝讲话的时候，比如宋真宗问隐士杨朴，他离开家乡的时候是否有人作诗给他送行，杨朴回答：“唯臣妾有一首。”杨朴是个男人，他口中的“臣妾”，就是“臣的妾”。

后妃对皇帝可自称妾、贱妾、小妾，至于“臣妾”，不妨套用《甄嬛传》里的那句台词：臣妾，做不到啊！

午门是砍头的地方吗?

很多小说、影视剧和戏曲当中都描述了皇帝在斩杀罪犯之前的一句口头禅,那就是:“来人哪,给朕推出午门斩首!”这午门是什么地方?古代的犯人真的会在午门被砍头吗?

午门就是紫禁城的正大门,它位于皇宫南北中轴线的南端,古代以北为子,以南为午,所以这个门就叫作“午门”。最早以“午门”来为皇宫大门命名的人是朱元璋,在此之前皇宫的正门没有一个叫“午门”。

即使在明清时期,“推出午门斩首”也是小说家、影视剧作家的天真想象,并不可能真正出现。为什么呢?这就要从古代的死刑制度说起。其实,皇帝不可能想杀人就杀人,而是要交送刑部或者指定王公大臣审讯定拟之后,才能行刑。而且除了犯谋反之类极严重罪行的人可以被立即处决之外,一般死刑犯都要等到秋天霜降之后才能执行死刑,这就叫“秋后问斩”。因为在古人的观念里，春天是生发的季节，夏天是生长的季节，而秋天万物凋零，有肃杀之气。人类的行为，包括执行死刑，都得顺应天时，这样老天爷才不会生气。此外，每个月的初一、初八、十四、十五、十八、二十三、二十四、二十八、二十九、三十，总共十天，被称作“十斋日”，这十天是禁止杀生的，自然更不能砍人脑袋。皇帝就算再生气，也得先看看日历。

咱们再来说说处决犯人的地点，斩首的刑场不在午门，而在热闹的街市，比如戊戌变法失败之后，谭嗣同等六君子就是在北京宣武门外的菜市口慷慨就义的。之所以要选择闹市行刑，一来那儿人流量大，会有很多人围观，统治者可以借此恫吓百姓；二来杀人到底是件不吉利的事儿，谁也不愿意自家门口成天血雨腥风、刀光剑影，午门就是皇帝家的正大门，他怎么会容忍自家门口成为散发着腥臭、漫布着哀怨的收尸场呢？

午门斩首只是小说、影视剧和戏曲里虚构的场面，午门的主要功能是举行盛大的典礼。比方说，每当远征的大军凯旋，要在此举行向皇帝进献战俘的仪式，这叫作“献俘礼”；皇帝每年的十月初一还会在午门向全国颁布来年的历书。

看来午门是个庄严肃穆的地方，那么究竟有没有大臣毙命于午门之外呢？的确有，那是在明代。不过他们不是被砍了脑袋，而是被打屁股打死的。在明代，如果有大臣冒犯了皇家的尊严，就会被处以“廷杖”，也就是打屁股的惩罚。“廷杖”

不是明代首创，但在明代时应用得最为广泛。据《明史·刑法志》记载，廷杖的地点就在午门前的御道东侧，由厂卫执行。这打屁股可是个技术活，分三种级别：打、着实打和用心打。监刑官说“打”，就是指糊弄两下完事儿；说“着实打”，指该怎么打就怎么打，能不能挺住看个人；要是说“用心打”，那就“无生理矣”，没有活命的可能了。

从未有人在午门被砍掉脑袋，却有人在午门被打得皮开肉绽、一命呜呼。午门，彰显了明清两朝帝王的荣耀和庄严，但也见证了封建专制的残酷与黑暗。

古人也过生日吗？

现代人提到过生日，脑海里可能会浮现出这样一幅画面：五彩缤纷的气球、巨大的生日蛋糕，当然还少不了那首经典的《祝你生日快乐》。中国人究竟是从什么时候开始过生日的呢？对生日的相关记载始于南北朝时期，直至唐代以后才逐渐增加。有学者指出，中国人过生日跟佛教的传入密切相关。佛教很重视诞辰日，从释迦牟尼佛到观音、普贤、文殊、地藏菩萨都有自己的生日，而且每到生日那天，信徒们都会举行庆祝仪式，比如给佛像沐浴、用宝车载着佛像在大街小巷中巡游。佛教传入以前，出生日期在中国人的意识里是个无关紧要的概念，不需要去特别记住。

南北朝时期的学者颜之推在《颜氏家训》中提到，当时江南地区的人们，如果父母双亲都在世的话，到了生日那天就会吃吃喝喝，庆祝一下；不过有些人，父母已经去世了，竟然还开生日聚会，“酣畅声乐，不知有所感伤”。颜之推就很看不惯，斥责他们是“无教之徒”，野蛮人。父母在世与否跟过生日有什么关系呢？古人将生日又称作“父忧母难日”，因为为了生小宝宝，母亲要吃很大的苦，古时候医疗条件差，甚至还要冒着生命危险；而父亲虽然不用疼得死去活来，但要为妻子、孩子担心，心理压力也很大。所以古人最早过生日，不是为了庆祝自己的诞生，而是要表达对父母生育之恩的感激。比如唐太宗李世民在生日那天心情就很低落，因为他的父母已经去世了，他对大臣说：“今日是朕生日。俗间以生日可为喜乐，在朕情翻成感思。君临天下，富有四海，而追求侍养，永不可得。”说着说着眼泪都下来了，大臣们也只好陪哭。

第一个快快乐乐为自个儿过生日的皇帝是唐玄宗李隆基。他是个比较有娱乐精神的皇帝，喜欢音乐歌舞，又好热闹。公元729年，唐玄宗过生日，在花萼楼请百官大吃大喝。很多善于溜须拍马的官员上折子，请唐玄宗将自己的生日定为“千秋节”，让全国人民同乐。唐玄宗立马同意，还下了一条很实惠的指令：全国放三天“小长假”。从唐玄宗开始，过生日的习俗才真正流行起来。

现在人们几乎都会庆祝生日。在平淡的日子里，有这样一天可以欢乐一下，无可厚非。但在这一天，我们不要只想到自己，也不妨学学古人，为辛勤养育我们的父母送上一份感恩。

妈妈过生日，古人会送怎样一幅画？

我过生日那天，五岁的儿子画了一幅画送给我。画上有蛋糕，有蜡烛，有个小小的人儿依偎着一个大大的女人，旁边还有一颗颗爱心。他说："这代表我爱妈妈。妈妈生日快乐！"我的手边恰巧有本画册，里面有幅画也是儿子为母亲的生日而绘制的，只不过那对母子生活在七百多年前。我把画给儿子看，他撇撇嘴说："他画得没我好，全是草啊，鸟啊，竹子啊，石头啊，跟妈妈过生日有什么关系呢？"

我告诉儿子这幅画名叫《萱蝶图》，是元代画家刘善守送给他母亲的。要想知道这幅画跟母子亲情有什么关系，就要弄清楚画面上主要元素蕴藏的含意。首先是画中两只翩翩飞舞的蝴蝶，"蝴蝶"的"蝶"和"耄耋"的"耋"同音。"耄耋"就是长寿的意思，看字形就明白："耄"者，老毛；"耋"者，老至。一个人到了七老八十、鬓毛皆白的年纪，还优哉游哉地活着，就是“耄耋”。所以，这两只蝴蝶可不是普通的小昆虫，它们是长寿的象征。明代画家孙克弘的《猫蝶图》中有一只可爱的猫咪在仰头注目空中飞舞的蝴蝶，这也并非寻常的动物画，“猫蝶”与“耄耋”谐音，同样寓意着长命百岁。

再来是画中妖娆挺立的那枝花。它就是我们在餐桌上吃到的黄花菜。黄花菜有个优雅的名字——萱草；还有个浪漫的名字——忘忧草。据说古时候，游子远行之前，会在母亲居室的门前种植萱草，以此告诉母亲，希望她忘记忧愁，不要太思念孩子。唐代诗人孟郊是个孝顺的好儿子，除了“慈母手中线，游子身上衣”之外，他还写过一首游子诗：“萱草生堂阶，游子行天涯。慈亲倚堂门，不见萱草花。”萱草开花很美，母亲为什么看不见呢？只因她的一颗心全系在孩子身上，专注地眺望着孩子远行的方向，顾不得花花草草了。在中国，萱草便是母亲的象征。母亲节那天，我们学西方人送妈妈康乃馨，其实不必，炒个黄花菜就挺好。

画中还有石头、竹子、兰草。石头是坚固的，竹子是坚韧的，兰草是高洁的。这些元素组合在一起，是对母亲性格和品行最高的赞美。还有，“竹子”的“竹”与“祝福”的“祝”谐音，包含着祝愿的意思。

石头上还站着一只鸟儿，它叫鹡鸰。这种鸟儿兄友弟恭，只要有一只离群，其余的就会发出鸣叫，呼唤同伴的归来。《诗经・小雅》的《常棣》一诗中有云：“脊令（鹡鸰）在原，兄弟急难。”以鸟儿在原野，比喻人处于困境，劝勉兄弟之间要团结互助。后人便以“鹡鸰”代指兄弟。

在《萱蝶图》的下方还钤着一方印章，上有“忠孝传家”四字，忠君爱国、孝顺父母，这就是古代“好儿子”的标准。

我解释完画面上各个元素的含意，儿子恍然大悟：“哦，我来翻译一下，这个画家想说：‘亲爱的妈妈，你又坚强又善良，我们兄弟会好好工作，好好孝顺你，希望你没有烦恼，健康长寿。’哇，这简直是破译密码嘛。”我告诉他利用谐音、隐喻的方式作画，在古时候很普遍。比如画只蝙蝠，代表“有福气”；画玉兰花和海棠，象征“玉堂富贵”；画梅花、水仙，寓意品格高洁。现代人觉得像密码，可古人一看全明白。最动听的祝福和赞美，却要用极含蓄的方式道出，这是中国人特有的趣味。

饱经沧桑的不老女神

一个人经历了许多的世事变化，人们便说其“饱经沧桑”。“沧桑”，是“沧海桑田”的简称。倘若你目睹大海变为桑田，又目睹桑田变成大海，那么人生阅历的确够丰富。这当然是夸张，寻常人“生年不满百”，怎么可能真的经历沧海桑田的巨变？不过，有个女人做到了，她叫麻姑。

美国弗利尔美术馆收藏一幅清代人绘制的《麻姑献寿图》。画中有个妙龄女子立于山岩松柏之下，她一只手托盘，盘中有鲜桃数枚，另一只手轻轻抚着翘首凝望的梅花鹿。女子绿鬓如云，楚腰纤细，衣袂飘飘，袅袅娜娜，她就是麻姑。

麻姑，她的名字虽然朴素得像邻家大婶，却是位姿容绝代的女神。东晋的葛洪在《神仙传》里记载了麻姑的故事。传说东汉时，一个叫王方平的神仙跑到人间的朋友蔡经家做客，王方平兴致很高，顺便把自己的“同事”神仙麻姑也给召来了。蔡家人首次瞻仰女神，只见她不过十八九岁，梳着高高的发髻，其余的头发垂到腰际，穿的衣服虽不是锦绣绸缎，却光彩耀目。跟众人行礼问好之后，麻姑送上随身带来的食物——大多是香气四溢的花果，装在金盘玉杯之中；还有一种很好吃的肉脯，是麒麟肉做的。大家一边享用美味，一边聊天。麻姑跟王方平说，自从他俩上次碰面之后，她已经三次见到东海变成桑田。坐在一旁的蔡家人听傻了，暗暗掰着手指头算：沧海桑田，不知道要几千万年，这姑娘居然已经见过三次啦！那她得有多大岁数了！

从此，麻姑就成了长寿的象征。长寿，人人心中皆向往。在道教的神仙谱系中，有两位长寿之神，男神是大名鼎鼎的彭祖，据说他活了八百多岁。《庄子》里说："而彭祖乃今以久特闻，众人匹之，不亦悲乎！"你要是想跟彭祖比寿命，那就太天真了！女神呢，就是麻姑。麻姑长生不老，在民间拥有众多"粉丝"，很多地方都修建了祭祀她的庙宇。唐代大书法家颜真卿曾经到江西的麻姑山游览仙坛，提笔写下一篇文章，勒石成碑，就是我们小时候临摹过的《麻姑山仙坛记》。

麻姑不但阅历多，颜值高，她跟王母娘娘的关系还特别好。每年三月初三，王母娘娘在瑶池举办"蟠桃会"，都会把麻姑请上。麻姑总会带着礼物，为王母娘娘贺寿。于是，民间在为妇女祝寿时，便会送上一张《麻姑献寿图》，图个喜庆吉祥。画中的麻姑通常手捧鲜桃，身边有一只温顺的梅花鹿，"鹿"与"福禄"的"禄"同音，象征好运气；还有山岩上的松枝，寓意着仙寿永昌。但并非所有的《麻姑献寿图》都画有一模一样的元素，比如清代任熊的《麻姑献寿图》中，麻姑手里端着一只酒瓶，里面盛着用灵芝草酿成的美酒，这是送给王母娘娘的生日礼物；再比如清代冷枚的《麻姑献寿图》中，麻姑身边的动物是只蹁跹的白鹤，这是仙人专属的坐骑。

生命很残酷：青春靓丽时，却少不更事；等阅历丰富了，容颜也备受摧残。而麻姑既饱经沧桑，还能童颜不改。把这两种全然矛盾的状态和谐地统一起来，便是这位女神最大的魅力。

喝酒也要“讲道德”

我这个人除了喜欢美食之外，闲来还爱小酌两杯。当然我喝酒有个原则：人多时不喝，应酬的酒不喝。或是三两知己，或是独酌，都是畅快舒心的。酒是个好东西，尤其是喝到微醺的状态时，脸蛋儿红扑扑的，人也比平日豪爽真诚些。再说，酒可以刺激脑神经，两杯下肚，灵感来了。就算不能像李白那样“斗酒诗百篇”，但至少可以让思想的翅膀多飞一会儿，感觉也不错。不过酒再好，也不能多喝，更不能滥喝。中国的酒文化源远流长，古人就非常讲究喝酒的礼仪。

古人提出，饮酒不是开心就好，还要有“酒德”。什么是“酒德”呢？就是饮酒时遵守的规范和应有的风度。你不能上来就一通胡喝，要遵守四个原则。第一，“饮惟祀”。古人喝酒要看场合，通常只有在祭祀天地、神灵、祖先这些重大的仪式上才会饮酒。因为酒都是粮食酿造的，古时候粮食产量低，没有太多的余粮用于酿酒，所以酒就特别珍贵。金文中“富裕”的“富”字( )上面是一个房檐，下面是一只装满美酒的大坛子。所以对古人来说，富的标志不是洋房豪车、珠宝首饰，而是家里有几瓶好酒就算富户了。第二，“无彝酒”。“彝”就是经常的意思，不能常常喝酒，要节约粮食嘛。酒那么珍贵的东西，你在喝的时候一定要有“谁知盘中餐，粒粒皆辛苦”的感恩之心。第三，“执群饮”。就是禁止聚众饮酒。两三百人聚一块儿，痛饮狂喝一通之后，万一骂人、打架、砸东西，就会危害社会治安，非常不妥。第四，“禁沉湎”。任何事都要适度，少喝点儿酒能强身健体，喝多了就成催命的毒药了；三两

［商晚期–西周初］冉爵，台北故宫博物院藏

知己小酌几杯，可以融洽感情，喝多了弄不好就伤感情了。

“饮惟祀”“无彝酒”“执群饮”“禁沉湎”，这是古人饮酒的四个基本原则。上了酒桌之后，还有讲究，不能拿着一杯酒冲到人家面前，咕嘟一声灌下去，这非常不礼貌。饮酒要讲步骤：首先是“拜”，主人给你敬酒，你接过杯子，要拱手相拜，表示敬意；其次是“祭”，就是把酒洒点儿在地上，感谢皇天后土生养之德；再次是“啐”，别误会，不是吐唾沫，而是用舌头舔一舔，尝尝酒味儿，夸上一句“好酒”；最后是“卒爵”，就是一饮而尽了。

有个词叫“应酬”，这“酬”是什么意思呢？它是“酉”字旁，表示跟酒有关。在酒席上，主人向客人敬酒，这叫“酬”；客人回敬主人，就叫“酢”。“应酬”，原指回应主人的敬酒，慢慢地引申为交际往来的意思。

从古人饮酒的礼仪可以看出，古人很强调节制，不会酗酒，更不会强迫别人饮酒，这值得我们现代人好好学习。有人总结了现代酒桌上的五大境界：先是甜言蜜语，一个劲儿地夸赞，怂恿别人喝酒；然后是豪言壮语，吹嘘酒量；接着是自言自语，开始自个儿嘟嘟囔囔；再接着是胡言乱语，说话都不利索了；最后是不言不语，喝趴下了。把酒喝到这份儿上，既是对身体不负责任，更是对美酒极大的不尊重！

/ 古物趣说 /

分手时，送你一块玉

我们常用“价值连城”形容一件物品的贵重，可最初这件价值堪比城池的东西究竟是什么呢？并非什么大物件，只是一块环形的美玉而已。据《史记》记载，战国时，赵国得到了天下至宝和氏璧，秦昭王对这块玉璧朝思暮想，提出愿意拿十五座城池交换，这就是“价值连城”这个成语的由来。赵国惹不起强大的秦国，便派蔺相如前往，蔺相如跟秦王斗智斗勇，最终成功地把和氏璧带回赵国，留下“完璧归赵”的美誉。

和氏璧是什么样子呢？《说文解字》里解释得很清楚：“璧，瑞玉环也。”就是一个平面的圆形玉，中间有个孔，是祥瑞的象征。在古代，璧是政治礼仪活动中的重要道具，也就是礼器。古人相信天圆地方，所以用圆形的玉璧作为上天的象征和君权神授的标志。玉璧早在新石器时代就有了，不过那时候是素璧，上面没有花纹。到了春秋时期，出现了谷纹璧，就是在玉璧的表面有一颗颗像谷子一样的凸起。为什么要设计这么一款纹样呢？因为中华民族是农耕民族，靠五谷为生。玉璧是跟上天沟通的工具，用谷子作为纹饰，是在向上天祈求五谷丰登。这种谷纹璧充分体现了中华文化里“民以食为天”的思想。

［新石器时代晚末期］（龙山–齐家系）
玉璧，台北故宫博物院藏

璧是象征天的礼用玉器，还有一种代表地的礼用玉器，叫作“琮”。琮是一件外方内圆、中间空的立体型玉器，形状很像车釭。《周礼》中说：“以苍璧礼天，以黄琮礼地。”古代人不知道地球是圆的，以为它是方方正正的，所以就把玉琮的外围制成四方形，跟地相对应。苍色的璧像天，黄色的琮像地，从这两

［新石器时代晚末期］（龙山–齐家系）
玉琮，台北故宫博物院藏

种玉器中，我们可以追想中华文化发源于黄河流域的情景。

还有两种玉器，跟璧很像，一是瑗，一是环。它们都是圆形的，主要的区别在于中间孔眼的大小。《尔雅》中说：“肉倍好，谓之璧；好倍肉，谓之瑗；肉好若一，谓之环。”“好”就是圆玉中央的孔眼，“肉”就是圆玉的边部，也就是直径减去孔径。这句话的意思是：边宽大约为内孔直径两倍的是“璧”，内孔直径大约是边宽两倍的叫“瑗”，边宽与内孔直径大致相等的叫“环”。瑗的孔径之所以最大，跟它的作用有关。《说文解字》中说：“瑗，大孔璧，人君上除陛以相引。”古代天子升御座需要人搀扶，可臣子如果接触到天子的手则是大不敬，为了避免两手相碰，就要用瑗来牵引，侍臣和君主各握住瑗的一边，那孔径自然要足够大。

玉瑗，台北故宫博物院藏

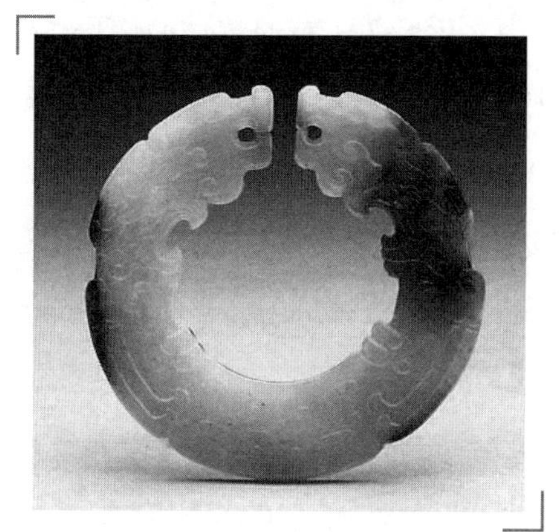

［宋］玉玦，台北故宫博物院藏

至于环，是古代被流放的官吏最乐意看见的东西了，要是君主打算赦免，就会赐一枚玉环。“玉环”的“环”与“返还”的“还”同音，所以收到玉环就意味着可以返还家园。唐代诗人高适在给朋友的送别诗里写道：“赠君从此去，何日大刀头。”古代大刀的刀头上通常会装一枚环，“何日大刀头”就是问朋友什么时候才能返还。被流放的臣子最怕收到的玉器就是玦，也就是有个缺口的玉环。“玦”者，诀别也，君主赐玦，就表示永不召回。我觉得古代的君主真是有情有义，连“遣散费”都给得这么高端大气。

言念君子，温润如玉

中国人对美玉有一种特殊的情感，常言道“黄金有价玉无价”。为什么说玉无价呢？因为玉石比较少，物以稀为贵；而更重要的原因在于，人们常常把玉的特性和君子的美德联系在一起。《诗经》中说：“言念君子，温润如玉。”真是想念那位君子，他就好像美玉一样温文儒雅、雍容自若。孔子也曾经用玉比德于君子，认为玉具备仁、智、义、礼、乐、忠、信、天、地、德、道这十一种宝贵的品德。正因为玉被赋予了丰富的道德内涵，所以《礼记》中有“君子无故，玉不去身”的说法，要求君子时刻佩戴玉制的装饰品。这不是为了炫富，而是要提醒自己保持温文尔雅的风范和内心的道德准则。我们来说说几种常见的玉质装饰品。

首先是珩。《说文解字》中说“珩”是“佩上玉”。“佩”指的是玉佩，通常由好几块形制不同的玉组成；而“珩”指的是

［战国］玉珩，台北故宫博物院藏

一组玉当中横在最上面的那块，用来节制佩玉者的步行姿态。人在走动的时候，佩玉相互撞击，会发出铿锵悦耳的声音。这个声音就是一种提示，提醒佩玉的人注意自己的言行举止，要体现出君子之风。

其次是瑱。《说文解字》中说："瑱，以玉充耳也。"瑱还有一个名称叫"充耳"，是先秦时期一种耳部装饰品。《诗经》中有一首描绘美人宣姜的诗，她佩戴着各种玉制的精美饰品，其中有一样就是"玉之瑱也"。有的注释家把"瑱""充耳"解释为"塞耳"。其实"瑱"不是真的把玉塞进耳朵里，而是将它悬垂在耳朵的侧面。不是有个成语叫"充耳不闻"吗？我们通常认为这是个贬义词，表示故意不听别人的意见。可是古人强调要"非礼勿听"，不该听见的事还是不听为妙。佩戴瑱是提醒人对于一些不相干的是非，不妨装聋作哑。

还有一种跟瑱功能类似的玉饰品，叫瑬。《说文解字》中说：“瑬，垂玉也。冕饰。”“冕”是皇帝专用的帽子。在很多古装戏里我们都能看到，皇帝上朝，头上顶着一个长长的、搓衣板似的东西，前后各挂着好多串算盘珠子似的东西，那就叫作“冕”。而“瑬”就是那一串串珠子，是玉做的。这些玉串“自上而下，动则逶迤，若水流也”，所以叫“瑬”。瑬挡在脸前，一来让臣子们看不清皇帝的表情，可以保持君主的神秘感；二来也是提醒皇帝，不要把属下的细枝末节都搞得清清楚楚，要学会不看不值得看见的东西。

玉瑱，台北故宫博物院藏

最后是玦。玦的造型就是在玉环的基础上开一个缺口。玦是做什么用的呢？有文物专家认为，玦最初是耳环，因为在早期的墓葬中，玦通常被安放在头骨的两侧；后来，玦的功能逐渐丰富起来，比如可以作为断绝关系的象征，因为“玦”和“诀别”的“诀”同音。大臣被流放，要是皇帝赐玦给他，就表示君臣俩就此诀别；要是后来皇帝又想他了，可以再赐玉环，表示他可以还朝了。玦还是鸿门宴上的重要道具，范增几次暗示项羽杀掉刘邦，可又不能明说，怎么办呢？他“举所佩玉玦以示之者三”，一而再，再而三地举起身上佩戴的玉玦，提醒项羽下决心。项羽当然明白玦意味着决断，但他终究拿不出狠心来。

金玉在九窍

中华民族有厚葬的传统，尤其是在汉代之前。人死入土，还要带上瓶瓶罐罐、珠宝玉器一大堆东西。秦始皇更绝，拖着上百个栩栩如生的兵马俑在地底下陪自己，死了都不忘随时准备战斗。对于这种传统，现代人可能想不通，这么多好东西都埋在地底下了，多可惜。不过换个角度讲，正因为好东西埋在地底下，咱们才能看到几千年来许多灿烂的文明成果。

在所有的陪葬品中，玉器是重要的一部分。一来古人相信玉的质地温润，有保护尸身的防腐功能；二来玉很贵重，可以彰显死者的身份地位，生前要排场，死后也不忘摆阔。丧葬的用玉有很多种，一种是玉塞，又叫“九窍玉”。所谓“九窍”就是人体的九个窟窿：两只眼睛、两个鼻孔、两个耳朵孔、一张嘴巴，以及生殖器和肛门。人死后，用九件玉器将其身上的

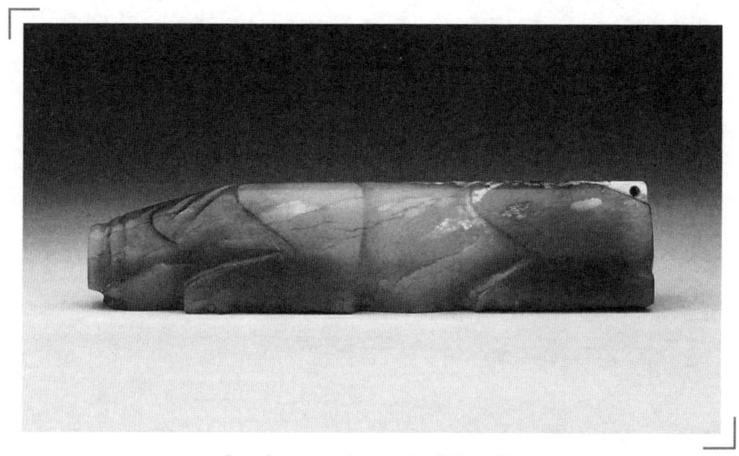

［汉］玉豚，台北故宫博物院藏

九个窟窿一一堵塞或者遮盖，防止灵魂溜走。按照晋代葛洪在《抱朴子》一书中的说法，就是“金玉在九窍，则死人为之不朽”。

玉塞的造型通常比较简单，没有什么纹饰。还有一种玉器则不然，比如现藏于台北故宫博物院的一块玉石，它被雕刻成小猪猡的模样，很可爱。搁今天，猪猡是登不上大雅之堂的，然而在过去，它被看作财富的象征。你看汉字的“家”怎么写？上面是“宀”，代表大房子；下面是“豕”，就是猪。古人认为房子里养头猪，才算是家。由于猪的地位高，所以玉器中有不少是猪的造型。那么这只小玉猪是用来做什么呢？它不是给活人玩的，而是让死人攥在手里的，叫“玉握”。中国人厚道，想着人到世间来一趟，不能空手而归，于是便在死者的左右两手各放一只小玉猪，希望其下辈子也不愁吃穿。

死者手里握着玉猪，嘴里也不能空着，也得放件玉器。放什么呢？最常见的是玉制的蝉，学名叫“琀”。“琀”是个会意兼形声字：左边是斜玉旁，代表玉石；右边的“含”既表示声音，也有把东西含在口里的意思。《说文解字》中说：“琀，送死口中玉也。”古人用琀有两个原因，一是防腐，二是出于“事死如事生”的观念。亲人去世，孝子贤孙“不欲空其口”，不想让其饿着肚子上路，口中含着玉，就像永远在吃东西似的。为什么要把琀做成蝉，也就是知了的造型呢？首先，古人认为蝉栖息在高处，餐风饮露，引吭高歌，是品质高洁的象征；其次，蝉可以在地底下蛰伏很多年，等钻出来的时候，会蜕下外边的壳，就是蝉蜕，变成另一副模样，古人觉得蝉能脱胎换骨，在死者嘴里放上玉蝉，是希望其也能获得重生。

除了玉塞、玉握、玉琀之外，还有一种相当贵重的丧葬玉器，就是“金缕玉衣”。这是汉代规格最高的丧葬敛服，只有皇帝和贵族才能享用。这种衣服的外形跟铠甲差不多，用金丝、银丝或铜丝把四角穿有小孔的玉片编缀起来。统治者死

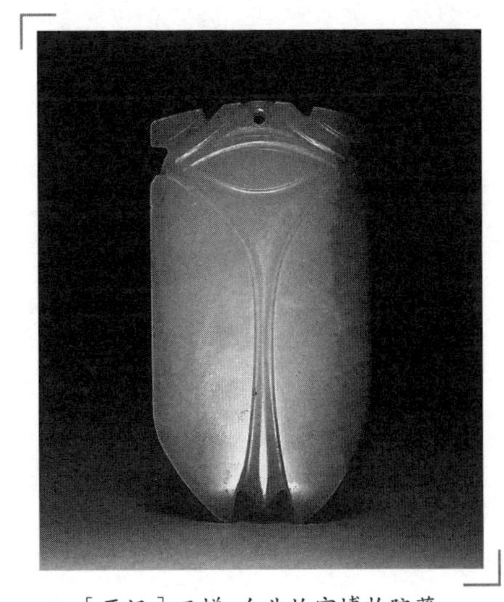

［西汉］玉蝉，台北故宫博物院藏

后穿玉衣，是希望借助玉石保住尸身万年不坏，结果却适得其反。金缕玉衣多值钱哪，能不让盗墓贼眼红吗？以至于“汉氏诸陵无不盗掘，乃至烧取玉匣金缕，骸骨并尽”，落得个王陵被盗、尸骨无存的下场。

玫瑰如何能铿锵？

人们把中国女足队员称为“铿锵玫瑰”，指的是美丽而坚强的女子。我最初听到这个称呼时，总觉得有点儿别扭。“玫瑰”是娇艳的花朵，“铿锵”一般指清脆悦耳的声音，这两个词组合在一起，是不是搭配不当？后来我学了些文字学知识，才恍然大悟，“玫瑰”的本义竟然不是花，那么它究竟是什么呢？这还得从“玫”“瑰”二字的偏旁部首说起。

“玫”“瑰”二字的偏旁部首不是王字旁，而是斜玉旁。有人可能会问这“玉”字怎么少了一点，且看小篆体的“玉”字（王），乍看上去跟小篆体的“王”字（王）一模一样。仔细观察便能瞧出区别：三横等距的时候是“玉”；上面两横挨得近，下面一横离得远些，就是“王”。原来最初“玉”字没有点，那个点是汉代以后为了跟“王”字更好地区别才加上的。正因为如此，把“玉”作为左边偏旁使用的时候，就不用加点了，叫斜玉旁。

但凡用斜玉旁的字绝大多数都跟玉有关，比如琼、瑶、琳、琅、璀、璨等。还有一些斜玉旁的字因为用法发生了改变，今天的人未必知道它们原先是跟美玉密切相关的，“玩”字就是一个典型的例子。我们常说玩游戏、玩玩具、玩耍，何谓“玩”呢？《说文解字》中说“玩，弄也”，又说“弄，玩也”，可见“玩”“弄”二字意思相同。“玩弄”在现代汉语中可是个意思不好的词，比如玩弄感情。可这两个字的本义其实是很高雅的。“弄”字的上面是块美玉，下面这部分（廾），念gǒng，是用左右两只手捧东西的意思。所谓“弄”就是双手捧玉，细细摩挲。“玩”字也从玉，同样是把玩、赏鉴玉石的意思。通过这两个字，我们便知古人对玉有多么着迷。《红楼梦》中的贾宝玉因出生时口中衔玉而得名，有一回说宝玉去探望生病的宝钗，宝钗提出要细细赏鉴他佩戴的玉，“宝钗托在掌上，只见大如雀卵，灿若明霞，莹润如酥，五色花纹缠护”。这段描写恰好可作“玩弄”二字的注解。

还有一个字就更有意思了，这个字是“球”。“球”字从玉，也是一种美玉的名字，后来被借用了。体育运动用的“球”字，原本写作“毬”，因为古代的球不是充气的，里头塞的全是毛，用裘皮绷起来就可以踢。要真是用玉石做的球，那运动员就惨了，脚丫子统统得骨折。

再说“班”字，它也跟玉有关。你看“班”字的小篆体（班），中间是把刀，左右各一块玉，“班”字的原义就是解剖玉石。学校分班教学，工厂三班轮转，军队连、排下面分班，都是从分割玉石这层意思上而来。

说了几个跟“玉”有关的字，最后再来讲“铿锵玫瑰”。“玫”“瑰”原本都和玉石相关，后来才被借用为花卉之名。《说文解字》中说：“玫，石之美者；瑰，珠圆好者。”以跟卓文君私奔而闻名的司马相如在《子虚赋》中曾写下“其石则赤玉玫瑰”的句子，这里的“玫瑰”显然是一种玉石。“铿锵”本指金属、玉石撞击发出的声音，而“玫瑰”在当玉石讲的时候，当然就可以铿锵了。

如何文雅地谈谈“钱”？

在很多文化中都有“委婉语”。所谓“委婉语”，就是一个词直说出来不够文雅，于是换一种含蓄的表达方式。在中国的传统文化中也有这样的“委婉语”，典型的例子就是“钱”这个字。“钱”，人人心里都爱，但人们又觉得这个字太粗俗、太生硬、太刺耳，于是琢磨出许多委婉、含蓄的名字来称呼它。

南宋时有个叫洪遵的学者写了一部书《泉志》，这名字听起来像自然山水读物，可里头根本没有关于泉水的记录。实际上，《泉志》是我国历史上第一部钱币学专著。可为什么把“钱”称为“泉”呢？原因至少有三。其一，二者谐音；其二，泉水具有流动性，它和钱一样都有从四面八方聚集，再流向四面八方的特征；其三，“泉”字听起来多么风雅，完全不像“钱”字那样俗气。直到现在，如果你遇到研究钱币的专家，千万别把人家称为“钱学家”，而是要叫“泉学家”。至于那些爱好收藏钱币的人，彼此间也有个雅称，叫作“泉友”。

古人使用铜钱，在铸造的时候为了方便精细加工，就把一百来个半成品铜钱穿在一根棒子上，修锉打磨。这根棒子如果是圆形的，加工时铜钱会乱转，而用方形的棒子穿钱就避免了这样的麻烦。所以渐渐地，就将铜钱当中开成方孔，钱也因此有了一个别称——孔方兄。不过为什么要称“兄”呢？有人说，“钱”的繁体字左边是金字旁，右边有两个“戈”字，“戈”与“哥”读音相同，因此称“兄”。这当然只是戏说，“孔方兄”这个词最早出自西晋文人鲁褒的《钱神论》，文中说当时的人爱钱，“亲之如兄，字曰‘孔方’”，把钱当作自个儿兄长一样。北宋文人黄庭坚因得罪朝廷被贬，那些趋炎附势的小人急忙躲开，黄庭坚给朋友写了一首诗，其中有两句是“管城子无食肉相，孔方兄有绝交书”。“管城子”是毛笔的别称，意

［北宋］铜钱，台北故宫博物院藏

思是降职后只有笔墨与他相伴，它们是不慕荣华的；而钱则彻底与他绝交了。随着这首诗的广泛流传，“孔方兄”的大名也愈加响亮。

有些文人雅士自命清高，最怕开口谈钱，西晋时的文人王衍就是如此。此人从不提“钱”字，仿佛提到钱就会沾染上铜臭之气。他的妻子倒是有趣，趁他熟睡的时候让丫鬟围着床铺放了一圈的钱。等王衍一觉睡醒，发现自己已被钱包围，根本没法下床，他气急败坏地把丫鬟喊来，高呼：“举却阿堵物！”“阿堵”是当时的口语，就是“这个”的意思，“举却阿堵物”就是“拿开这个东西”。从此，“阿堵物”就成为钱的代名词。

遮遮掩掩地避讳“钱”字的人未必不贪财，真正淡泊名利的人反倒可以大大方方地说“钱”。钱锺书先生就曾经拿“钱”开涮。某电视台要为他拍专题片，被钱先生婉拒后，又许诺会支付高额报酬，钱先生哈哈大笑，说：“我都姓了一辈子‘钱’了，还会迷信这东西吗？”

笏板的妙用

古装电视剧中经常会出现这样一个场面：在庄严肃穆的大殿里，皇帝高高在上，一堆臣子战战兢兢地立着，每人手里拿着一块板子。这板子的形状很有意思：狭长形，上边窄，下边宽，中间部分略微弯曲。这是什么东西？又有什么作用呢？

这块板子叫作"笏板"。东汉时期的刘熙在《释名》这本书中这样解释"笏"字："笏，忽也，备忽忘也。""忽"就是"疏忽，遗忘"的意思，比如官员要向皇帝汇报思想，在家想了洋洋洒洒一大篇，因为怕到时紧张忘词，就把发言稿的要点写在笏板上。由此可见，笏板相当于随身携带的备忘录，供官员们做笔记用的。《礼记》中对笏的作用说得更为详细："凡有指画于君前，用笏；造受命于君前，则书于笏。"也就是说，笏板有两大功能：其一，官员们在皇帝面前提到某人某物的时候，不能直接用手指，这样做不文明、不礼貌，要用笏板；其二，皇帝

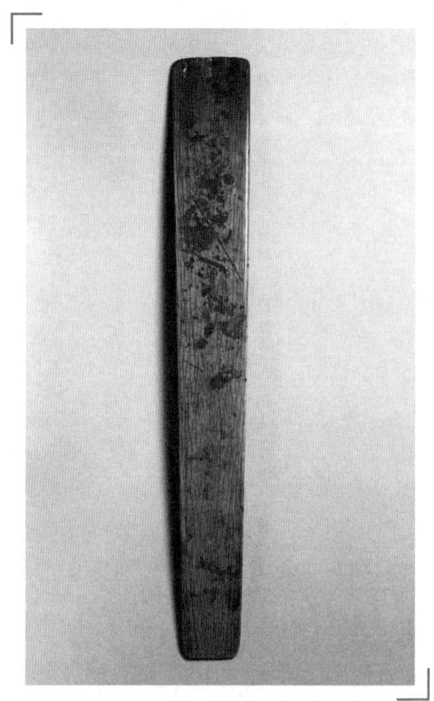

［明］象牙笏，台北故宫博物院藏

要是做了什么重要指示，官员们最好把它记在笏板上，便于回去认真领会。除此之外，据说笏板还有一项功能，就是官员们在朝见天子的时候，眼睛不能乱看，盯着皇帝是冒犯龙颜，盯着天花板又不礼貌，因此官员们可以将视线停留在笏板上，这样显得很谦卑，对皇帝很有敬意。

那么最早的笏板是用什么材质做的呢？其实只要看看“笏”这个字就清楚了。“笏”是个形声字，下面的“勿”字表示读音，上面的竹字头表示含义。古人在没有发明纸张之前，把字写在竹片上，官员们把竹片带上朝堂作为移动的笔记本使用，那就是“笏”。后来纸张普及，不管是上奏还是记录皇帝的命令都用纸张，这时笏就更多地成为官员上朝的礼仪道具，是一种身份象征，而它的材料也从低调的竹子，变为高端大气的玉石，甚至象牙。《红楼梦》中有一首《好了歌》，开头两句是：“陋室空堂，当年笏满床。”这是在感叹人世繁华似过眼云烟，别看现在这地方破败荒凉，当年可是床上堆满笏板的荣华富贵之所。笏只有当官的才会有，所谓“笏满床”是说一大家子出了好多高官，家门昌盛。

在上朝的时候，笏板自然是被官员捧在手上，那在上朝的路上呢？古代官员的朝服都是宽袍博带，腰上束的大带子叫“绅”，他们在骑马上朝的时候会把笏板插在腰带里头，“绅士”这个词就由此而来，最初指有身份、有地位的士大夫阶层。现代人开会，想带几个笔记本都行，可在古代，一个官员原则上只能拿一块笏板。可某些官员公务特别繁忙，要跟皇帝汇报的事儿特别多，那就不得不多用几块笏板了。问题是，那么多板子捧在手上，既不方便也不雅观，怎么办？无妨，可以把它们统统放在一个袋子里，这个袋子就叫“笏囊”，相当于古代官员的公文包。这包也不必自己拿，让随从背上，跟着上朝就行了。后来很多官员觉得，带个背包的随从多好，既显得自己很忙、很敬业，又显得很有派头，于是这种做法一度成为官场时尚。

到清朝时，由于习俗及礼节上的差异，笏板被废弃不用。所以要是在清宫戏里看到官员捧着笏板，那就纯属穿越了。

生鱼片的前世今生

前几天我和两个闺蜜聚餐。这两人一个酷爱烤肉，说要吃韩国菜；另一个喜欢生鱼片，说要吃日本料理。我就跟她们说烤肉、生鱼片都是韩国、日本跟咱们中国学的，所以还是中国菜最博大精深。有一个成语叫“脍炙人口”，“脍”就是切成丝的生鱼、生肉；“炙”，从字形就能看出意思来，上面是一块大肉，下面是火，把肉放在火上，就是烤肉。“脍炙人口”这个成语出自《孟子》，原意是生鱼片和烤肉是最美味的食物，人人都爱吃，后来比喻诗词文章写得好，受到人们的赞扬和传颂。可见早在孟子生活的时代，生鱼片和烤肉就已经是中华名品菜肴了。

脍的历史可以追溯至西周。公元前823年，周朝的军队与北方少数民族交战，打了胜仗，周朝的大将尹吉甫为了庆祝胜利，就在家请朋友们吃大餐。吃什么呢？《诗经》中有记载，主菜是“炰鳖脍鲤”，也就是红烧甲鱼和生鲤鱼片。在古时候除鲤鱼之外，鲈鱼尤其是松江鲈鱼也是制作生鱼片的上佳食材。《后汉书》中记载了曹操请客吃生鱼片的故事。曹操大宴宾客，各种美味佳肴都端上来了，他却感叹“所少吴松江鲈鱼耳”，当时的宾客中有个叫左慈的人，此人擅长幻术，他叫人捧来一只装满水的铜盆，将钓竿的钓饵扔进铜盆，没一会儿居然真的拉出一条鲈鱼来，曹操拊掌大笑，表示客人多，一条鱼不够分，左慈又把钓竿伸进铜盆，钓出好几条鲈鱼，“皆长三尺余，生鲜可爱。操使目前脍之，周浃会者”，曹操当即命人做成生鱼片，人人有份。

曹操爱吃生鱼片，他那“七步成诗”的儿子曹植也好这一口。曹植是大才子，吃过生鱼片之后，立马发表“美食评论”：“蝉翼之割，剖纤析微。累如叠縠，离若散雪。”就是说这生鱼片切得像蝉翼一样薄，一片一片就像层叠的轻纱，入口即化，松散得像雪花。能把生鱼片切成这水平，刀工的确非凡。

古代有不少大腕名人爱吃生鱼片，像王维、李白、白居易、苏轼、陆游都曾写诗深情赞美过生鱼片。生鱼片固然美味，但吃多了或是吃了不洁净的，就会腹泻。三国时期的英雄人物陈登就因为过量食用有寄生虫的生鱼片而得了重病，三十九岁就英年早逝。

生鱼片在福建、广东沿海一带特别流行，也是从这些地方传到了日本。如今生鱼片已经被日本人改造成“国吃”，周作人先生曾说过：“日本生活中多保存中国古俗，中国人好自大者反讪笑之，可谓不察之甚。”

白酒多以“春”为名

中国白酒的酒名里，有不少带着“春”字，比如剑南春、五粮春、红福春、景阳春、玉堂春、燕南春、九里春、五姑春、中京春、甘陵春、娄山春等。为什么中国白酒多以“春”字为名呢？

我们现在喝的那种清澈透明、不含杂质的白酒是蒸馏酒，这种酿酒技术到元代以后才逐渐普及。更早的时候，人们喝的酒可不是今天这样的。在远古时期，酒和酒糟是不分离的，合在一块儿饮用，这种酒叫作“醪”，基本上类似现在的酒酿，没什么度数。到了商周时期，人们开始对酒和酒糟进行过滤，这样酿出来的酒虽然达不到像现在的酒那样的透明度，但清爽了很多。商代人爱喝酒，酒的种类也不少，但并没有“春酒”。“春酒”是从周代开始出现的。《诗经·豳风》中有一首诗叫《七月》，其中有两句提到了酿酒：“为此春酒，以介眉寿。”这里的“春”其实是一种酿酒的方法。要制作“春酒”，必须在秋天收获稻米，经过酿制和储藏，冬酿春熟，到了来年的春天才能饮用，所以这种酒还有一个名字叫“冻醪”。周代人认为喝了这种“春酒”能够“以介眉寿”，帮助老年人获得长寿，可见古人已经认识到酒的保健功能。“春酒”的酿制技术不断提高，到了汉朝末年，曹操曾把自己家乡的“九酝酒法”当作礼物敬献给汉献帝。《齐民要术》一书中详细记载了曹操的酒方。简而言之，所谓“九酝”，就是指在一个发酵周期，将原料分九次投入，叫作“补料发酵法”，是周代“春酒”制法的高端升级版。

“春酒”的制造方法源自周代，后人根据这种造酒方法把“春”当作美酒的代称。而且“春”字本身的意思也好，蕴含着勃勃生机，到唐宋两代，以“春”为酒名成为非常普遍的做法，唐代有瓮头春、梨花春、曲米春，宋代有百花春、武陵春、洞庭春。值得注意的是，古时候酒名中但凡用上“春”字的，都是上等的好酒，不是什么酒都有资格叫“春”的。古代的诗人大都爱喝上两口，酒精可以催发灵感嘛，所以只要读读唐宋诗词，就能知道不少名字里带“春”字的酒。比如大诗人李白的《哭宣城善酿纪叟》这首诗中有这么两句：“纪叟黄泉里，还应酿老春。”“老春”是一种酒的名字，产自安徽宣城，是由一位姓纪的老师傅酿制的。李白好酒，跟这位纪师傅的交情很深，所以纪师傅去世之后，李白专门写诗纪念他。

每次读李白的这首诗，我都会对那款名叫“老春”的酒心向往之，因为那酒不但色美味醇，其中还包含着一个爱酒人的痴心和一份知己间的深情。

背错了一千年的诗

有一首诗，几乎每个中国人都会背："床前明月光，疑是地上霜。举头望明月，低头思故乡。"这是李白的《静夜思》。我儿时背这首诗时，心中便有个疑惑：李白既然是躺在床上看月光，怎么能一会儿举头，一会儿低头呢？我把疑惑跟语文老师说了，她跟我解释道："李白躺在床上看到月光就失眠了，所以去院子里晃悠，晃悠的时候就可以举头、低头了。"我茅塞顿开，可没多久又疑惑了：这首诗一共只有二十个字，怎么"明月"一词会出现两次呢？不是重复吗？我又跑去问语文老师，她严肃地告诉我："伟大的诗人必然不拘一格。"说实话，这个解释不怎么让我满意。

时隔二十年，当我的儿子也开始摇头晃脑地背《静夜思》的时候，我忽然发现对这首诗表示困惑的不止我一个人。大家的争论主要是围绕"床前明月光"的那张"床"展开的。我们过去都认为“床”就是睡觉用的,可是文物收藏家马未都先生却指出,“床”不是卧具,那是胡床。胡床是什么东西呢?就是现在的小马扎。胡床和胡麻、胡桃、胡椒、胡萝卜一样都是从西域传入中国的。在引进胡床之前,咱们中国人都是席地而坐的。胡床最早的形态是小马扎,后来人们追求舒适性,又加上一靠背,就成了交椅。这种坐具携带方便,主要是供地位尊贵的人出行用的。按照马先生的观点,李白是坐在院子里的小马扎上看月亮,难怪举头、低头都很方便。还有一派观点认为,“床”是银床,也就是井栏。古代的水井边都有木质的井栏,防止人跌入井内。井栏呈方框形,很像床,所以又叫银床。李白的《长干行》中有“妾发初覆额,折花门前剧。郎骑竹马来,绕床弄青梅”,小女孩在门前玩,小男孩骑着竹马所绕的床显然不是室内的床,而是井栏。

“床前明月光”中的“床”到底是卧具、马扎还是井栏呢?专家们各执一词。而在日本读初中的一个华裔学生发现日文文献中的《静夜思》居然与他从小读过的不一样。这首诗在日本也家喻户晓,其版本是:“牀前看月光,疑是地上霜。举头望山月,低头思故乡。”除“牀”“床”二字相通之外,还有两处不同,咱们的“明月光”到日本成了“看月光”,“望明月”则成了“望山月”。这个学生写电子邮件向中方学者询问,学者们查阅历史资料后发现,原来我们耳熟能详的《静夜思》是明代人窜改后的版本,而流传日本的版本与宋代的刻本完全一致。宋人推崇唐诗,加上距唐年代相近,误传差错相对较少,应该是准确的。

这一意外发现总算帮我解除了小时候的疑惑，原来李白的诗里根本没有重复出现“明月”一词，而且李白当时一定不在室内，因为他只有在院子里才能看见山头的明月和铺满庭院的月光。至于“床”究竟是什么，目前还没有定论，我们不妨抱着豁达些的态度。唐代距离现在太过遥远，每个人都有推测的权利，只要合情合理，无论是“马扎说”还是“井栏说”，都有它们的价值，那就是让我们对古代的名物有更多的了解。

“吃货”眼里的《红楼梦》

小时候我喜欢读《红楼梦》，我爸对此深感骄傲，常常在客人面前提起。有一天家里高朋满座，一位伯伯问我，对《红楼梦》印象最深的是哪一章。在众人期许、鼓励的目光下，我朗朗作答：“刘姥姥进大观园。”众人频频点头，我爸更是笑得像朵花，我大受鼓舞，接着说：“我最喜欢刘姥姥吃的茄子。”然后流利地为大家背诵了书中那道“烧茄鲞”的详细制作方法。我背着背着就开始流口水，结果没留下“才女”的美名，倒是落下一个“吃货”的笑柄。

曹雪芹是天才文学家，同样也是了不起的美食家。在《红楼梦》这部古典巨著中，他用了将近三分之一的篇幅描述饮食文化。据不完全统计，《红楼梦》的一百二十回里描写的食品有将近两百种之多。都说“一千个人心中有一千个哈姆雷特”，不同的人从红楼美食中可以解读出不一样的内涵。

社会学家说，《红楼梦》里的美食暴露出这个封建家族穷奢极欲的豪华生活。比如那道著名的“烧茄鲞”，刘姥姥尝了之后死活不信茄子能做出那么鲜美的味道来，经过凤姐解释之后才吐着舌头说：“我的佛祖！倒得十来只鸡来配他，怪道这个味儿！”还有一段说的是宝玉在大夏天里挨了贾政一顿暴打，之后吃什么都没胃口，单单想吃莲叶羹。这莲叶羹其实就是面片汤，面和好后用梅花、莲蓬、菱角等三四十种花样的银模子做出精巧的造型，和着莲叶的清香，再用高汤来配。所谓的豪奢并不是满桌子的鱼翅、燕窝、鲍鱼、熊掌，而是用高档的食材呈现出平淡的效果，用今天的话说叫“低调的奢华”。

心理学家说，通过《红楼梦》里的美食可以窥探出人物的性格。大观园里开螃蟹宴，林黛玉只吃了一点就觉得胸口微微疼，这时候她喝了一点烧酒，而且是合欢花浸的。酒是热的，可以制约螃蟹的寒性。可为什么要用合欢花呢？原来合欢花是一种中药，有解郁安神的功效。你想，林妹妹寄人篱下，成天里“不敢多走一步路，不敢多说一句话”，总是愁眉不展，常常掉眼泪。所以曹雪芹让她喝合欢花酒是大有道理的。而大大咧咧、豪放的史湘云最爱吃的是什么呢？又腥又膻的生烤鹿肉。这就应了法国美食家萨瓦兰的那句名言：“告诉我你吃什么，我就能知道你是什么样的人。”

养生专家说，《红楼梦》就是一部健康宝典。所谓“红楼”就是朱门，在这般大富大贵的人家里，出现频率最高的一款食物居然是粥。宝玉酒后要喝半碗碧梗粥，解腻生津；黛玉病重，喝江米粥，可以补肺、暖脾胃；贾母喝红稻米粥，可以滋补气血。这就应了中医的那句话：粥乃世间第一补人之物。而且贾宅中还有一项风俗秘法，无论上下，谁要是有伤风咳嗽，只要不严重就不随便吃药，而是采用饥饿疗法，“只要清清静静地饿两顿就好了”，或者像袭人姑娘那样喝点儿米汤静养。

至于像我这样的饕餮之徒更是将《红楼梦》当成一本菜谱，像书中的豆腐皮包子、酒酿蒸鸭子、火腿鲜笋汤、板栗烧野鸡等，我都曾经依样画葫芦地自个儿操练过。这且当作一个“吃货”对于《红楼梦》、对于美食家曹雪芹表达敬意的一种方式吧。

杜鹃啼血是个误会

《飞越疯人院》是一部美国老电影，曾荣获奥斯卡最佳影片奖。它的英文原名很有意思，叫作*One Flew Over the Cuckoo's Nest*，按字面意思直译就是“飞跃杜鹃鸟巢”。“杜鹃鸟巢”就是疯人院的意思，从这个名字可以看出，在英美文化中，杜鹃（cuckoo）是一种不大受待见的鸟，它本身就有“疯子”“狂人”“傻事”之类的意思。同样是杜鹃鸟，在我们中国的传统文化中，它的地位可就完全不同了。杜鹃自古被称为“冤禽”“悲鸟”“怨鸟”，它的叫声令无数人愁肠百结，李白、杜甫、范仲淹、元好问等无数文人墨客纷纷为它吟诗填词。

传说杜鹃是望帝杜宇死后的灵魂所化成的鸟儿。杜宇是商朝末年蜀地，也就是四川一带的君主，号“望帝”。他十分贤明，教百姓务农、治理水患，使人民得以安居乐业，因此深受百姓爱戴。据说他爱上了手下治水功臣的妻子，爱得失魂落魄、不可救药，既不能挥剑斩情丝，又不能抛弃做人的准则，为爱所苦的杜宇干脆将帝王之位禅让给情敌，自己退隐深山，死后化为杜鹃鸟，啼声凄切。这么悲情的传说让文人们为之沉迷，李商隐的诗作《锦瑟》中有“望帝春心托杜鹃”，化用的就是这个典故。

杜鹃鸟出现的时节大多在暮春三月，杜甫诗里有“杜鹃暮春至，哀哀叫其间”。这个时候百花凋残，眼看一年中最美的光景即将过去。中国文学中有“伤春悲秋”的传统，春光的流逝往往会让人联想到青春的短促，再加上杜鹃的声声悲啼，多愁善感的人就有点儿“扛不住”了。北宋词人秦观的《踏莎行》中有“可堪孤馆闭春寒，杜鹃声里斜阳暮”，“春寒”“孤馆”，让人从生理到心理都感到寒冷孤独；暮春是一年中最伤感的时节，而黄昏又是人在一天中情感最脆弱的时光，加上耳畔杜鹃的不断哀鸣，这简直就是千古伤心之句。

杜鹃啼声哀苦，如唤“不如归去”，所以杜鹃又被叫作“催归鸟”，成为思乡怀家之情的代言，比如范仲淹的诗里就有“春山无限好，犹道‘不如归’”。

望帝所化、暮春悲啼、不如归去，人们似乎觉得杜鹃还不够“苦情”，又给它加上了更“虐心”的一条：啼血。据说杜鹃鸟会彻夜不停地悲啼，直到血流不止，啼出的鲜血甚至染红了树下的花朵，那就是“杜鹃花”。在即将国灭身死之际，文天祥慷慨悲歌“从今别却江南路，化作啼鹃带血归”，就以啼血杜鹃自喻。杜鹃真的会啼血吗？其实不然，杜鹃的口腔上皮和舌部都是红色的，所以乍看起来仿佛鲜血淋淋。可是科学与文学本就是两种不同的思维模式，科学知识并不妨碍文学的想象。杜鹃啼血只是个误会，却是个美丽而浪漫的误会。

乌鸦的道德问题

在咱们中国的成语中，有两只鸟非常幸运，一是“小鸟依人”里的那只麻雀，它待在有人的地方，有吃有住；二是“爱屋及乌”里的那只乌鸦。不知你有没有想过，为什么爱一座房子要顺带爱上房子上的乌鸦，而不是“爱屋及鸟”“爱屋及雀”，或者“爱屋及燕”呢？原来，中国民间流传着一种迷信的习俗，认为乌鸦是“不祥之鸟”，它要是落在谁家屋顶上，那户人家就要倒霉。人们大都厌恶乌鸦，很少有人爱它。所谓“爱屋及乌”，就是说因为喜欢一个人，连房子上的乌鸦都不觉得不吉利，而一并喜欢上。这种爱多多少少有点儿盲目。

“爱屋及乌”这个成语最早出自姜太公姜子牙之口。周武王灭了商朝之后，对于如何处置商朝遗留下来的权臣贵族、官宦将士犹豫不决，于是把姜子牙等人召来，咨询意见。武王发问：“将奈其士众何？”这么一大帮人，该拿他们怎么办呢？是杀了、放了，还是收编了？姜太公比较狠，认为要斩草除根，但他讲话很有技巧，不直说，而是打了一个比方。他说：“臣闻爱其人者，兼屋上之乌；憎其人者，恶其余胥。”意思就是：我听说喜爱一个人，连他家屋子上的那只乌鸦也会连带着喜欢；讨厌一个人，连他家的墙壁也一并厌恶。言下之意是，这帮人统统是商纣王的部下，一个也不能留。当然，周武王并没有采纳他的建议，而是听取了周公的劝告，用仁德感化这些前朝的遗臣。姜太公说的“爱屋及乌”不是要推广博爱精神，而是为了强调“恨屋及乌”，铲除异己。他的目的虽然没有达成，“爱屋及乌”这个成语倒是流传了下来。

［明］钱榖《古木乌鸦》，台北故宫博物院藏

“乌”是象形字，你看篆书中的“乌”字(乌)，嘴巴、脑袋、身子、翅膀、爪子都一一被描绘了出来。“乌”和“鸟”(鸟)很像，在篆书中这两个字的唯一区别是头上的一小横。这一横代表什么呢？眼睛。“乌”字没有眼睛，并不是因为乌鸦是瞎子，而是因为它全身羽毛都是黑色的，眼睛也是黑色的。黑色的眼睛长在黑色的身体上，远远看去，不大容易注意到，就觉得跟没有眼睛似的。“乌”字的本义就是乌鸦，不过后来它越来越多地被用于表示颜色，像乌鱼、乌鸡、乌纱帽等；后人又造了一个“鸦”字来代替，“鸦”是形声字，右边的“鸟”表示乌鸦的属性，而左边的“牙”则是模仿乌鸦叫的声音。

中国人对于乌鸦的态度相当矛盾，一方面觉得乌鸦长得黑乎乎的，又爱吃腐肉，不吉利；可另一方面，又把乌鸦视为孝鸟。据说当乌鸦老了，飞不动的时候，小乌鸦就会出去为父母觅食，喂养它们。所以我们常用“慈乌反哺”这个成语来比喻对长辈的孝心。乌鸦真的有这么高的道德水准吗？有人说，反哺不过是一种反射性的行为模式，纯属生理行为，与品质无关。不过近年来，动物学家的研究表明，乌鸦的智商的确很高，反哺不是简单的反射性行为，但也不是专门针对父母的孝行，而是为了在种群中营造良好的“鸦”际关系。

曾将鸳鸯比兄弟

在中国人的心目中，鸳鸯是相亲相爱的爱情鸟。据说它们总是成双成对，厮守终生，一旦其中一方不幸死亡，另一方绝不再另寻伴侣，而是苦守着当初的誓言，在孤独寂寞中抑郁而亡。人们常说“只羡鸳鸯不羡仙”，只要能和心爱的人相依相伴，连当神仙都不稀罕。

在中国古典文学中，常用鸳鸯来比喻恩爱的夫妻。早在《诗经》中就有一首名为《鸳鸯》的诗，开头就是：“鸳鸯于飞，毕之罗之。君子万年，福禄宜之。”这是一首祝贺男女新婚的诗，以成双成对的鸳鸯起兴，表达对婚姻美满的祝福。西汉时，司马相如看中卓文君，为引起美人的关注，司马相如在卓家举办的宴会上一边弹琴，一边唱：“有艳淑女在闺房，室迩人遐毒我肠。何缘交颈为鸳鸯，胡颉颃兮共翱翔！”大致意思就是：这里有个美人，她的闺房离我很近，人却离我很远，思念之情残虐着我的心肠；如何能与她两情欢好，就像那交颈的鸳鸯，比翼双飞在浩瀚的蓝天上?! 司马相如大胆而火辣的表白打动了卓文君的芳心，她头脑一热就跟司马相如私奔了。

鸳鸯肯定是一雄一雌，被用来比作夫妻，这很好理解，可在历史上它还曾经被用来形容兄弟，甚至是亲兄弟。《昭明文选》中收录了苏武写给李陵的诗。苏武是西汉有名的忠臣，他出使匈奴，被扣留后死活不投降，于是被流放到现在俄罗斯境内的贝尔加湖畔放羊，一直到十九年后才回国。李陵是苏

［明］周之冕《柳下双鸳》，台北故宫博物院藏

武的好朋友，大将军李广之后，他战败后投降匈奴，匈奴派他劝降苏武，但苏武并没有买老朋友的账。后来苏武荣归故里，临别时，他写诗给李陵："昔为鸳与鸯，今为参与商。"曾经像鸳鸯一样的好弟兄，如今却像天上的参星和商星，一西一东，此出彼没，永远不能再相见。不止苏武，曹植也用鸳鸯比喻兄弟，他写文章给弟弟："乐鸳鸯之同池，羡比翼之共林。"晋朝时，有一对才华横溢的兄弟陆机和陆云，当时也有人用"鸳鸯"来赞美他俩。

文学史上将兄弟比作"鸳鸯"的时间不长，大概人们觉得鸳鸯性别不同，还是比喻夫妇更为妥当。唐代诗人卢照邻写了一首《长安古意》，其中有两句是"得成比目何辞死，愿作鸳鸯不羡仙"，这两句诗太有名了，从此人们都将鸳鸯当成爱情的象征。

在传统文化中，人们喜欢赋予动物人格化的品质。除鸳鸯之外，比目鱼、大雁都被视作爱情忠贞的象征。不过从生物学角度而言，比目鱼两眼长在同一边，必须两两配合才能辨明方向；大雁排成"一"字形或"人"字形飞行，是为了减小空气阻力；至于鸳鸯，也只有在繁殖期间它们才形影不离，一旦雌鸳鸯产卵，它们立马分道扬镳。生物有它的本能，人类无权对鸟儿、鱼儿的生活方式说三道四，但这并不妨碍忠贞的鸳鸯、痴情的比目鱼"活"在文学的世界里，继续引发我们美好的想象。

“君子猿”与“小人猴”

我们小时候都读过李白的《早发白帝城》:“朝辞白帝彩云间,千里江陵一日还。两岸猿声啼不住,轻舟已过万重山。”诗人在穿越三峡的过程中印象最深的就是两岸的猿啼之声。猿是什么动物呢?我们常说猿猴,实际上猿是猿,猴是猴。它们虽说都是灵长类动物,但相貌和习性有所差别。最简单的区分方法就是:长尾巴的是猴,不长尾巴的是猿。可能有人会说:我们又不是动物学家,区分猿和猴有什么意义?殊不知在中国传统文化中,猿跟猴的地位截然不同。在孙悟空的形象被创造出来之前,猴子在人们心目中的印象不大好,通常跟暴躁、轻浮、爱耍小聪明这些负面的特质联系在一起。要是不信的话,可以盘点一下跟猴有关的成语:尖嘴猴腮、沐猴而冠、杀鸡儆猴,基本上都是贬义的。

跟猴相比,猿的形象要光辉伟大得多。如果翻翻古典诗

［元］颜辉《猿》，台北故宫博物院藏

词就会发现，“猿啼”是个独特的文学意象。《乐府诗集》的民歌中有这样的句子：“巴东三峡巫峡长，猿鸣三声泪沾裳。”三峡航行水路艰难，飘泊天涯的独行客穿行其间，听到猿啼之声，内心更觉凄凉。杜甫在《登高》一诗中也借猿啼抒发内心的悲怆：“风急天高猿啸哀，渚清沙白鸟飞回。”此时的杜甫年事已高，却壮志未酬，疾病缠身，他耳听猿啼声声，思乡之情、孤独之感油然而起。据说猿啼叫的声音似哭似嚎，令人伤感，于是文人就用这样的声音来表达哀怨、愁苦、凄凉等情绪。你可能会说李白写“两岸猿声啼不住，轻舟已过万重山”，好像挺开心的，没错，此时李白刚刚被赦免，心情愉快，所以并不受啼猿鸣哀的影响，这叫作“景因情变”。同样是李白，在事业受挫时听到猿叫，就写下了“秋浦猿夜愁，黄山堪白头”这样悲伤的句子。

猿啼之声让人动容，它因此被认为是情深义重的动物。《世说新语》里有一个故事，说东晋大将桓温进军蜀地，到达三峡时，军队里有人逮了一只小长臂猿并把它带上船，母猿看到孩子被人夺走，沿着江岸悲哀地嚎叫，“行百余里不去”，母猿最终跳上船，但就在那一瞬间，它倒地而亡，人们把母猿的肚子剖开一看，“肠皆寸寸断”。这个故事很残忍，但人们却认定猿是重感情的动物，甚至认为它的身上具有君子的品格。唐代文学家柳宗元写过一篇《憎王孙文》，将猿与猴做了对比。文章说猿“居相爱，食相先，行有列，饮有序”，一派谦谦君子之风；而猴“虽群不相善也”，虽然过的是集体生活，但彼此钩心斗角,“食相噬啮,行无列,饮无序”,一副小人嘴脸。

中国的传统文化喜欢赋予动物道德化的象征意义,所以有“美猿鄙猴”的观念。直到明代中叶《西游记》里美猴王的出现,才给了猴子一族扬眉吐气的机会。值得一提的是,甭管是猿是猴,它们在西方社会里的形象都不佳。香港作家西西在她的《猿猴志》一书中指出了其中的一个原因:猿和猴都喜欢模仿,这在基督教中就显得罪不可恕,因为会让人们想到一直试图模仿上帝去骗人的魔鬼撒旦。在中国,你说某个小孩像猴,意思就是他淘气聪明;可你要是想用猴来形容老外的小孩,那还是省省吧。

画里的马屁

我国利用水力作为动力的历史很悠久，可以追溯至汉代。据《后汉书》记载，南阳太守杜诗发明了利用水力鼓风铸铁的机械水排，从此“用力少，见功多，百姓便之”。这可是世界机械工程史上的一大发明，比欧洲早了一千多年。到魏晋南北朝时，水碓、水磨已经很普遍了。水碓是利用水流力量来舂米的机械，而水磨的主要功能是磨面粉。记载这类水利机械的文献很多，可它们的具体结构究竟是什么样，却缺乏实物图像的佐证。然而在上海博物馆收藏着一幅画作——《闸口盘车图》，这幅画为我们提供了中国机械史上非常宝贵的图像资料。

这幅画绘制于五代，占据画面主要位置的是一座跨水而建的磨面作坊，磨坊稍后的两边各有望亭一座，在亭子前头的空地上一侧放着大筛子，另一侧放着成堆的麦麸。磨坊前面的河道上有两艘运粮引渡的篷船。河对面是一条坡道，好几辆运粮车正在坡道上逶迤而行。在整个画面的右边有一座酒楼，酒楼前头有用木杆绑缚而成的彩楼，叫作“欢门”，这是五代至宋朝时期酒店行业流行的一种店面装饰，在北宋的《清明上河图》中也可以看到。这座酒楼很有意思，周围是平房，但在中间耸立着一座楼阁，这座楼阁有个专门的称呼叫“山”，“山”是指喝酒的实力像山一样雄厚。要是你酒量一般，那就在楼下随便坐坐；要是酒量特别好，当然那也意味着消费比较高，那就请到楼上包间入座。《闸口盘车图》中一共出现了四十五个人，他们构成了串联各种情景的线索。这些人当中大部分是劳动者，他们在从事磨面、筛面、扛粮、挑水、引渡、赶车等各种体力工作；而画面左上角的望亭里坐着身穿公服的官吏，好像是在检点粮食、征收税款。

这幅画的作者名叫卫贤，是南唐李后主画院中的一位画家。画史中关于卫贤的记载非常少，这跟他擅长的绘画种类有关。卫贤善于画界画。所谓“界画”，指的是以宫室、楼台、屋宇等建筑物为题材的绘画。要想把建筑物画得横平竖直，必须用一样工具——界尺，这就是“界画”得名的由来。宋、元两代以后，文人画日渐兴盛，界画逐渐被视为工匠之作，地位日益低下，甚至有“画有十三科，山水打头，界画打底”的说法，意思就是在中国画的十三大种类里，山水画的地位最高，界画的地位最低。

尽管如此，我们今天来看这幅《闸口盘车图》的时候，应当认识到这是一幅具有重要历史价值的绘画，它向我们展现了最早的水磨和罗面机的形制。我们可以清楚地看到磨坊的楼上就是水磨，楼下是旋转的机轴，安置在水磨一侧的是“面罗”，也就是水力机械筛。整座磨坊三面临水，这是为了避免被尘土污染。

一般的界画画家都热衷于画楼台、宫室，卫贤为什么要选择盘车、水磨这样的科技题材呢？原来五代时，战争频繁，中原的不少城市变为废墟，水利设施也遭到破坏，很多百姓迁到南方避难。南唐的君主为了巩固统治，大力支持工业和水利技术的发展。因此卫贤画水磨作坊并非偶然兴起，而是为了歌颂统治者重视农业的“德政”。

那些年，我们一起错过的应用题

小学时我们都做过无数道应用题，应用题其实是一种很好的题型，非常符合中国传统的数学观念，就是讲究实用、服务社会。数学不是华而不实的“屠龙术”，它必须解决实际问题。这种观念充分体现在中国古代最为重要的一部数学典籍《九章算术》中。《九章算术》被誉为“算经之首”，它成书于何时，众说纷纭，大多数学者认为应该是在汉代。它的作者也不知是何人，很可能是经过很多人整理、修改、补充而成的。为什么叫“九章”算术呢？因为书里面一共有二百四十六道应用题，这些题目被分成九大类，就是“九章”。这九大类应用题分别是：方田，用于丈量田亩的面积，这里头牵涉到长方形、三角形、梯形、圆形、环形等面积的计算方法；粟米，就是不同的谷物粮食怎么样按比例折算；衰分，主要是比例分配问题，应用于粮食、税收等经济管理部门；商功，用于城墙、堤防、水道、河流的体积测量，用今天的话说就是工程数学；均输，主要研究怎样合理地摊派赋税，属于管理数学；其他几章包括少广、盈不足、方程及勾股。《九章算术》有两大重要特点：一是涉及的全是生活中的实际问题；二是以算法为中心，每道题先列出问题，再给答案，最后说明解题方法，是"归纳性"的叙述方式。

说到《九章算术》，我们必须提一下在西方最受尊崇的数学经典，那就是古希腊学者欧几里得的《几何原本》，它被奉为几何学的"圣经"。与《九章算术》不同的是，《几何原本》建立了数学的演绎系统：定义、公理、定理、证明。简而言之，这两部书代表了古代数学东西方的两大流派，一个以算法为基础，一个以演绎为中心。可长期以来，西方学者习惯于以演绎系统为标准去评判中国传统数学，指责它缺乏严密的逻辑推理，这不大公平。英国学者李约瑟在《中国科学技术史》中批评了"西方中心论"的偏见，他指出："当问到有什么数学概念似乎是从中国向南方和西方传播过去的时候，我们却发现有一张相当可观的清单。"李约瑟的清单共有十四条，其中有这么几项：开平方和开立方、分数、负数、弓形面积、双设法等，它们都出自《九章算术》。

李约瑟的另一个观点我也十分赞同，他说："用现代数学的尺度去衡量中国古代数学的贡献毫无意义，我们应该假设自己置身于迈出最初几步的那些人的地位，并努力了解这对他们是何等的困难。"

/ 教育趣事 /

古人如何“胎教”？

现代人对孩子的教育越来越重视，甚至还在娘胎里就开始早教了，比方说天天看可爱宝宝的照片，朗诵唐诗宋词，播放古典音乐……年轻的父母们热衷于胎教，觉得自己的育儿观念很先进。其实，胎教不是什么新鲜事物，在我国古代就有完整的胎教理论，甚至连“胎教”这两个字也是古人发明的。

汉代成书的《大戴礼记》中就专门记载了古代帝王之家是如何进行胎教的。书里写道：“古者胎教，王后腹之七月，而就宴室。”王后怀孕到七个月的时候，就要迁居至专门用于待产的宫室，剩下的三个月当中就很讲究胎教。“王后所求声音非礼乐，则太师缊瑟而称不习；所求滋味者非正味，则太宰倚斗而言曰：‘不敢以待王太子。’”假如王后要求听的乐曲不符合礼的标准，太师就不会演奏；要求吃的菜肴不符合孕妇的膳食标准，太宰就不会烹调。古人认为妇女一旦怀孕，腹中的胎儿即便没有完全成形，也会“应感而变”，随着外在环境的变化而改变性情。现代医学通过大量的研究提出，胎儿从第五周开始就有较复杂的生理反射机能，第十周时就形成感觉、触觉的功能。古代人虽说没有先进的技术手段，但早就提出了胎教的观念，他们认为孕妇的情绪、言行都会影响到腹中胎儿，所以要特别谨守礼仪，给未来的宝宝做好榜样。

历史上有记载的第一个成功胎教的案例是周文王的母亲太任。《列女传》中说太任在怀周文王的时候，“目不视恶色，耳不听淫声，口不出敖言，能以胎教”。邪恶的东西不看，淫乱的声音不听，狂傲的话不说，胎教的效果很好。周文王一生下来就聪明可爱，“太任教之，以一而识百”，能够举一反三、融会贯通，长大以后成为西周王朝的奠基者。文王的孙子周成王也是胎教的受益者，他的母亲在怀孕的时候“立而不跂”，站的时候不踮脚尖；“坐而不差”，坐姿端正，不会歪歪斜斜的；“独处而不倨，虽怒而不詈”，独处时也不会懈怠放任，即便生气也不会骂粗口。所以周成王长大后也成为一位圣明君主。周朝就是用这样的胎教方法来培养一代代理想的接班人。

古代的胎教跟现代最大的区别就在于，现在往往把教的重点放在宝宝身上，而古人却把教的重点放在母亲身上，因为在他们看来，妈妈是孩子人生的第一个老师，以身作则远比灌输说教更为重要。

有人说，在全世界，大概只有中国人有两个年龄，一个是周岁，一个是虚岁，让人相当困惑。甚至还有人批判说虚岁的计算很不科学。叫我说，虚岁恰恰反映出中国人对生命的独特理解：生命的起点并不是呱呱落地的那一刻，当胎儿在母体中形成时，生命就已经开始，而教育也从此拉开序幕。

孔子的“育儿经”

我在大学里教书,有时跟同事聊天,发现教书匠们最大的烦恼之一居然是怎样教育自己的孩子。有的教授已经桃李满天下了,可面对自家小朋友却束手无策。于是我就琢磨,孔子算是中国历史上最伟大的老师了,不知道他的家庭教育工作开展得怎么样。

先来介绍一下孔子的儿子——孔鲤。孔鲤是独生子,他出生的时候,孔子已经在社会上小有名气,得到了鲁国国君鲁昭公的赏识。鲁昭公送给孔子一条鲤鱼,于是孔子给儿子取名孔鲤,字伯鱼。后来孔氏子孙见到鲤鱼都不说“鲤鱼”,而说“红鱼”,就是为了避孔鲤的讳。

孔鲤有个不同寻常的父亲,既是名人又是老师,那么他能从父亲那里获得怎样的教育呢?《论语》中记载了一件小事,孔子有个学生叫陈亢,有一天他特意找到孔鲤,问他:“子亦有异闻乎？”你父亲私底下有没有跟你讲过什么特别的话呢？陈亢之所以这样问，是因为他怀疑孔子对儿子会比较偏心，可能偷偷在家给孔鲤开小灶。孔鲤回答说没有，接着他就告诉陈亢，孔子教育他：“不学《诗》，无以言”“不学礼，无以立”，不学《诗经》就不善于表达自己的思想，不学礼就不懂得怎样立身做人。陈亢听了孔鲤的这番话很高兴，因为老师多次在课堂上强调学诗学礼的重要性，看来他对待儿子和学生是一视同仁的。

从孔氏父子生活中的这个小片段，我们可以窥见孔子育儿的一些经验。首先，作为名人，孔子并没有因为忙于事业而忽略对孩子的培养，他不仅告诉儿子要学什么，还向他指明了学习的目的。只有目的明确，学习的动力才会增强。孔子不屑于那种“陪公子读书”的“盯梢法”，孔鲤在听完父亲的教导之后，就“退而学《诗》”“退而学礼”，自觉性相当高。其次，孔鲤看见父亲站在庭院中，就“趋而过庭”，“趋”是小步快走，这是懂礼貌、有教养的表现。古人认为，从别人面前经过，大摇大摆、懒懒散散、慢慢悠悠都是不敬的表现，只有“趋”而过，才是合乎礼仪的。由此可见，孔子的家教很严格。用咱们现在的话说，想要孩子成才，先得让他成人。还有一点非常重要，就是不利用自己的资源给孩子特殊化的待遇。孔子是老师，可他并没有让儿子多占教学资源，对儿子与学生给予同样的指导。

你可能要问，孔鲤有没有成就一番伟业呢？很遗憾，没有。他平淡地过了一生，但从没干任何给父亲丢脸的事。其实孔子早就知道儿子没有成为“顶尖人才”的资质，对此也并不强求。他懂得名人的儿子未必要当名人，但至少要品格端正、心智健全。

管好家再去治天下

尧、舜、禹是我国古代传说中三位德才兼备的圣明君主，他们都是通过禅让制登上帝位的。如果考察一下他们各自的职业履历，就会发现他们脱颖而出的原因各不相同。尧，《史记》里说他“其仁如天，其知如神”，就是说此人的智商和情商都很高，他还很有威望，老百姓对他“就之如日，望之如云”。禹，他为了治理黄河水患，“三过家门而不入”，靠的是实打实的工作业绩而获得晋升。在这三个人当中，舜的情况最为特殊，他为什么能获得登上君王之位的机会呢？既不是靠超人的资质，也并非凭借傲人的业绩，而是因为他在家庭生活中表现出众。

据《史记》记载，尧在位七十年，觉得自己该退休了，就把四方诸侯之长招来商量，让他们推荐合适的接班人选。大家不约而同地说出了一个人的名字，就是舜。他们给出的推荐理由是："盲者子。父顽，母嚚，弟傲，能和以孝，烝烝治，不至奸。"史书中称舜的父亲为"瞽叟"，就是瞎老头的意思，这老头不但眼瞎，心也是盲的，不辨忠奸好坏。舜的亲生母亲去世早，他的继母和继母所生的弟弟都不是什么善类，天天撺掇他父亲把舜干掉。《史记》中明确记载了舜的家人两次谋害他的案例。有一次，瞽叟让舜去修补粮仓，舜在仓顶上忙活，瞽叟却在下面放火焚烧粮仓，还好舜机灵，把两顶斗笠当翅膀，从仓顶上跳了下来，幸免于难。还有一次，瞽叟又让舜去挖井，井挖得很深了，瞽叟却和小儿子一起在上面填土，想把舜活埋在里头，幸亏舜事先有所警觉，提前在井旁边挖了一条通道，他从通道中逃出，保住了性命。从这两件事就可以看出，舜的家庭环境不只是恶劣，简直是凶险。可他依然孝顺父母，友爱兄弟，一次次包容、原谅他们。所以当尧让四方诸侯之长推荐接班人的时候，大家都认为舜最为合适。但是稍稍琢磨一下就会发现，这个用人理由很奇怪，不是基于能力才干、工作业绩，而是基于一个人在家庭关系中的表现，这似乎更像是在评选道德标兵，而不是政治领袖。尧在听取了众人的意见后说："吾其试哉。"要来考察舜。怎么考察呢？他把自己的两个女儿娥皇和女英都嫁给了舜，看看他能不能处理好和两个妻子之间的关系。结果娥皇、女英非常和睦，而且对舜的家人也很好。尧通过各方考察，认定舜是合适的接班人。

舜之所以受到尧的器重，主要是由于他在婚姻关系、家庭生活中的出色表现。在舜的晋升事件背后其实潜藏着中国传统的重要政治理念，那就是通过一个人的家庭道德去推导他的政治品格，认为只要具备高尚的家庭品德，就具备治理天下的基本素质。在现代的政治生活中，人们也常会谈论某个政治人物的私德和公德，前者是他在私人生活中的操守，后者是他在公共生活中对他人表现的德行。西方社会倾向于将政治人物的私德和公德明确分开，认为用私德去攻击甚至否认，或者赞美和肯定一个政治家都是不明智的。而舜的故事则告诉我们，家与国始终是联系在一起的，家是最小的国，国是最大的家，"国家"和"家国"往往是作为一个词在使用。

孟子的离婚风波

我发现中国的父母特别喜欢交流育儿经验，如果哪个孩子取得了一些成绩，他的父母就会被隆重地请出来介绍经验。这样的做法其实由来已久。早在两千多年前，有一位妈妈在教育方面取得了巨大成功，她的育儿事迹在中华大地上广为流传，她的光辉案例被收入古代最畅销的启蒙读物《三字经》中，历代的父母都要从她的身上汲取宝贵经验。这位妈妈就是孟母，她的儿子就是被尊为“亚圣”的孟子。

孟母的第一条育儿经验是：教育要从胎儿抓起。孟母的胎教不是让孟子听古典音乐或者隔着肚皮跟他聊天，而是端正自己的行为。她曾说：“吾怀妊是子，席不正不坐；割不正不食，胎教之也。”就是说当年她怀孕的时候，座席摆得不端正的话，她不坐；肉的切割方式不对的话，她不吃。这就是胎教。虽然宝宝还没出生，但在肚子里也有感应，所以妈妈要以身作则。

孟母的第二条育儿经验是：要为小朋友创造良好的环境。孟子的父亲很早就过世了，孟母一个人把他拉扯大。孟家最早住在坟墓附近，孟子天天跟小朋友们玩办理丧事的游戏，孟母觉得这样不好，就把家搬到集市旁边，于是孟子模仿别人做生意，孟母觉得这也不行，继续搬，搬到了文教区，孟子在游戏的时候就模仿着学各种礼节，孟母这才安心地定居下来。有人批评孟母有封建等级意识，还有人说殡葬行业挺好，下海经商也不错，那都是以现代人的观念去衡量古人。

孟母的第三条育儿经验是：该出手时就出手，该“狠”的时候就得狠。孟子偶尔翘了一次课，孟母知道后，立刻折断织布的机杼，用这样震撼的方式告诫儿子，做事情不可以半途而废。这就是《三字经》里的“子不学，断机杼”。

孟母终于将儿子培养成才，可烦恼很快又来了。孟子闹起了离婚，孟母着急，忙问他原因。孟子说他回家发现妻子一个人在房间里，她的坐姿太随便，蹲坐，所以他要跟这个不讲礼仪的女人离婚。这个离婚理由在现代人看来很搞笑，不过在孟子生活的时代，十分讲究礼仪，所谓的“坐”，必须双膝跪于席上，臀部压住脚跟，以示对他人的尊重。孟母听完儿子的抱怨，说这件事错在孟子。《礼记》上不是说了嘛，“将入门，问孰存”，进门之前先问问家里都有谁在；“将上堂，声必扬”，进房间之前要提高声音说自己回来了；“将入户，视必下”，将要进屋门时，眼睛必须往下看。所有这一切是为了不让别人无所防备，孟子忽然不声不响地进屋子，才会看到妻子的不雅坐姿，“是汝之无礼也，非妇无礼也”。孟子一听很是惭愧，打消了休妻的念头。

跟胎教、择邻处、断机杼这些事相比，我倒觉得摆平儿子的离婚风波更能显示出孟母的智慧。一来她能不偏不倚，在儿子和儿媳之间维护公正。二来她用三言两语就教授给儿子幸福婚姻的两条重要秘诀：一是尊重对方的隐私；二是遇到冲突，不要忙着指责别人，要先从自身找原因。

东坡爸爸的取名大法

名字对于一个人很重要，它要陪伴你一生，而且时时刻刻都可能被用到。不过有的父母给孩子取名却有点儿随意。我有一位师弟，姓秦，名仁。他上课时从不担心被女老师点名，谁会愿意管自己学生叫“情人”啊！我还有一位师妹，叫刘思蕊，这个名字不错，读音、意思都没问题，据说还是请风水大师取的。可后来她出国念书，麻烦就来了。“思蕊”的读音很像英文中的three，就是数字“三”，所以她那帮留学生朋友给她起了一个挺不雅的绰号，叫“刘小三”，你说冤不冤。

作为一个为自己姓名所苦的人，我衷心地恳请各位父母、准父母在给孩子取名的时候多动动脑子、费费心。在给孩子取名的问题上，有一位古人值得我们学习，他就是“唐宋八大家”之一的苏洵。苏洵的文采很好，但他生了两个比自己还厉害的儿子，苏轼和苏辙。从这两个人的名字里，我们能看出些什么呢？有人说，能看出苏爸爸是个车迷。这也有道理，“轼”和“辙”都是“车字旁”，“轼”就是车前面的横木，当扶手用的；“辙”就是车轮轧过的痕迹。不过苏洵绝不是借儿子的名字抒发对车的热爱，而是另有深意。

跟一般的父母不一样，苏洵在给孩子取名之前，对他们进行了细致的观察。苏轼和苏辙虽是一母所生，性格却很不相同。苏轼智商很高，但张扬率性，好表现；苏辙比哥哥内向很多，什么事情都装在肚子里，比较沉稳。苏洵在给他们取名的时候，不是排八字、算五行，而是以他们各自的性格作为依据。大儿子叫苏轼，为什么呢？苏洵说一辆车由很多部件组成：车轮、车辐、车盖等，各有各的用途，缺一不可；只有轼，也就是车前的横木没有什么实际作用，只是装饰，但如果少了它，就不是一辆完整的车了。在苏洵看来，大儿子很有才能，就像一辆车子，该有的部件全都有了，但他希望大儿子能收敛锋芒，注意一下外在形象。这种表面上的修饰就像车前横木一样，看似无用却必不可少。他告诫大儿子：“吾惧汝之不外饰也。”他担心大儿子我行我素，不懂得掩饰自己。至于小儿子的名字，苏洵说天底下的车都要从车辙上轧过去，虽说论功劳车辙没有份，但如果发生交通事故，也不会怪到车轮印子上。从这个名字可以看出，苏洵对小儿子是很放心的，他相信小儿子谨慎稳重，虽然不像“轼”一样引人注目，但也不会遭人嫉恨，用苏洵的话说就是“善处乎祸福之间也”。

“知子莫若父”，苏洵给两个儿子取的名字不但概括了他们的性格，也与他们后来的人生命运暗暗相合。苏轼的才华光耀古今，但豪放不拘，只要遇到看不惯的事情，就像吃了苍蝇，不吐不快，结果得罪了很多人，一生坎坷。而苏辙的风头虽远逊于哥哥，但他为人低调内敛，所以仕途比苏轼顺利得多。

现在有些人给孩子取名，喜欢往飞黄腾达的路线上走，比如昊、天、宇、伟、尧等，希望孩子长大后能建功立业。不过从苏洵给两个儿子取的名字中，我们或许能获得另一种思路，那就是先教给他们朴素的生存之道，再谋求长远的发展。

“相夫教子”也光荣

如果要评选中国文学史上最厉害的父子组合，那么北宋文豪苏轼跟他的父亲苏洵以及弟弟苏辙所构成的“三苏”组合肯定榜上有名。你想想，当年的“唐宋八大家”，一共八个席位，苏家就占了三个。有人说，每个成功的男人背后都有一个伟大的女人。苏家一连出了三个成功的男人，在这份辉煌的背后还真的少不了一个伟大的女性。她就是苏洵的妻子、苏轼和苏辙的母亲程氏。

程氏出身名门，在十八岁那年嫁给苏洵。不过在一般人看来，这桩婚姻并不理想：一来“程氏富而苏氏极贫”，两家的经济实力差距很大；二来苏洵年轻的时候成天游手好闲、不求上进。然而程氏并没有嫌弃苏洵，她嫁到苏家之后，“执妇职，孝恭勤俭”，族人都认为她很贤惠。苏洵在二十七岁那年，忽然开窍了，有一天他慷慨激昂地跟程氏表示，他想发奋读书，可如果这样，就没精力赚钱养家了。程氏说："子苟有志，以生累我可也。"意思是：你要是发愤图强，生活上的负担都交给我好了。程氏就是这样一个伟大的女人，她说到做到，把从娘家带来的陪嫁统统卖了，用这笔钱款经营家业。在她的操持下，苏家没几年就富裕起来了，苏洵也最终成为一代大儒。

程氏不仅勉励丈夫上进，对孩子的教育也很用心。苏轼小的时候，苏洵"宦学四方"，常常要出差，程氏就在家管教孩子。有一天，母子俩进行亲子阅读，读的是《后汉书·范滂传》。范滂是东汉末年的名士，因为反对宦官干政而被捕，就义时只有三十三岁。范滂赴死之前拜别老母，母亲却跟他说：你能因为忠义而留名青史，死亦何憾！读到这一段，年方十岁的苏轼望了望母亲，问道：我长大之后要做范滂那样的人，母亲你同意吗？程氏的回答很干脆：你能做范滂，我难道就不能做范滂的母亲吗？程氏的这番话在儿子的心里埋下了坚守正义的种子。苏轼一生屡遭贬斥流放，无论生活多么困顿，他从未放弃过自己的政治理想和道德准则。

程氏教子并不拘于书本，她很善于利用生活中的一些小事引导孩子的价值观。比方说有一段时间苏家租别人的房子住，有一天婢女在地上踩了一个大洞，洞里居然有一只大瓮，这瓮里会不会是金银财宝呢？要是换作别人早打开了，可程氏却立即让人重新埋好，并把土夯得严严实实的。苏家的院落中"有竹柏杂花，丛生满庭，众鸟巢其上"，程氏对小生命十分关爱，严禁孩子和仆人捕鸟取蛋。渐渐地，苏家的鸟儿特有安全感，都把巢筑在很低的树枝上，一点儿也不怕人。就这样，程氏在日常小事中将仁爱宽厚之心和不贪不义之财的淡然潜移默化地传递给了自己的孩子。

程氏的一生可以用“相夫教子”四个字来概括。现代女性提到这四个字或许会有点儿不屑，殊不知做一个好妻子、好母亲能为民族发展创造巨大的价值。新时代的女性当然可以选择驰骋于职场，但“相夫教子”的使命依然远大而光荣。

痴心父母的“另类”遗产

做父母的最牵挂的一定是自家儿女，活着的时候为他们操心出力，有一天撒手人寰了，仍然放心不下。能给子孙留下些什么，这大概是古往今来的父母们都考虑过的问题。人说“痴心父母古来多”，可我在读古书的时候却发现了几位不那么“痴心”的父母，他们留给孩子的遗产相当“另类”。

“另类”遗产之一——啥也没有。西汉宣帝年间，有学问渊博的叔侄俩，叔叔叫疏广，侄子叫疏受，他们先后被任命为太子少傅，也就是未来皇帝的老师，身份非常显赫，朝中人尊称他俩为“二疏”。这对叔侄很有洞察世事的智慧，懂得“功成身退”的道理，所以在人生最辉煌的时候向皇帝递了辞职报告。皇帝挽留不住，只好批准，“加赐黄金二十斤，皇太子赠以五十斤”，于是叔侄俩就带着这笔丰厚的退休金告老还乡了。疏广回家后天天摆酒设宴，请亲戚朋友们吃喝玩乐，还经常问家人他的退休金还剩多少，赶紧花掉。有人看他如此“败家”，就劝他要为后代考虑，多置办点田庄，给孩子们留点遗产。疏广回答说，他怎么会年老糊涂到不顾子孙的将来呢？不过家里本就有田地房舍，只要子孙们勤劳耕作，就能过上和普通人一样不愁吃穿的生活；如果留下多余的遗产，只会让子孙懒惰。“贤而多财，则损其志；愚而多财，则益其过。”多余的钱财到了贤德之人的手里会削弱他们的意志，到了愚蠢之人的手里会增加他们的过失。而且财大业大，子孙祸也大，容易遭人忌妒。疏广的“零遗产”看似不负责任，其实是一片苦心。林则徐从中受到启发，写了一副对联给孩子：“子孙若如我，留钱做什么？贤而多财，则损其志；子孙不如我，留钱做什么？愚而多财，益增其过。”

“另类”遗产之二——清白。南朝时的政治家徐勉虽然当了大官，却勤俭清廉。《梁书》中说他“虽居显位，不管产业，家无蓄积，俸禄分赡亲族之穷乏者”。徐勉不仅家中无积蓄，还把薪水拿出来资助穷困的亲戚。他有句名言：“人遗子孙以财，我遗子孙以清白。”这绝不是唱高调，标榜自己的品德有多高尚，而是相当明智的做法。自古以来，有多少身居高位的官员贪污腐败、拼命敛财，可一旦落马或谢世，家产被抄，子孙要么充军，要么坐牢，要么被砍头，蔡京、严嵩、和珅无不如此。而“清白”这份遗产不但为子孙树立了道德标杆，也给他们提供了实实在在的保护。

“另类”遗产之三——墨庄。“庄”乃别墅田庄，“墨”就是墨水，何谓“墨庄”呢？北宋初年有个名叫刘式的文官，一生酷爱读书，家中藏书千卷。刘式去世时，五个儿子年纪尚小，家道艰难，有人就劝他的妻子陈氏变卖藏书，置办田产，陈氏拒绝了。她把孩子们召集在一块儿，语重心长地告诉他们，父亲为官清廉，身后只留下这千卷藏书，称为“墨庄”，希望他们能在这个特殊的庄园里努力耕耘，光大祖业。刘式的五个儿子遵从母训，发奋读书，果然个个学有所成。陈氏不愿把“墨庄”变卖为田庄，为表彰她教子有方，朝廷颁给她一个极风雅的称号——墨庄夫人。

我们现在怎样做父亲?

有位父亲,生了九个孩子,三个当选为中国科学院院士,其他六人也在文学、经济、历史、军事、图书馆学等不同领域各有所成。这位成功的父亲,名叫梁启超。

要研究中国近代史,梁启超是无法绕过的人物。戊戌变法、护国运动、再造共和、五四运动,乃至清华国学院“四大导师”的促成,这些影响中国历史文化进程的活动中,都离不开他的身影。在政治、思想、学术领域,梁启超全心投入,取得了辉煌的成就;作为父亲,他同样功德圆满。无论身居何处,无论工作多么繁忙,他都会抓紧一切空余时间,用书信的方式和孩子们聊天。

在信中,梁启超常常这样称呼他的孩子:大宝贝思顺、小宝贝庄庄、那两个不甚宝贝的好乖乖、一群大大小小的孩子们。他童心未泯地给孩子们起绰号:管最小的儿子梁思礼叫

"老baby",后来干脆叫成了"老白鼻";管女儿梁思懿叫"司马懿",有时简称"司马"。梁启超是那种很有性情的男人,正如文化学者马建强在《民国先生》一书中所言:"尽管梁启超早年投身政治,但出生入死的残酷生活并没有让他变得世故、冷酷、无情或者圆滑,他总是那么生机勃勃,那么重情感,那么富有人情味,他的整个人生观贯穿着'爱'和'美'。"

即便在和孩子讨论学术、做人这些大问题时,梁启超也绝不会板着面孔说教。他担心在美留学的梁思成读书太猛,便在信中循循善诱地分享自己的体验:"凡做学问总要'猛火熬'和'慢火炖'两种工作循环交互着用去。在慢火炖的时候才能令所熬的起消化作用融洽而实有诸己。"他鼓励女儿梁思庄:"专门科学之外,还要选一两样关于自己娱乐的学问,如音乐、文学、美术等。"他教导女儿梁思顺:"生当乱世,要吃得苦,才能站得住,一个人在物质上的享用,只要能维持着生命便够了。至于快乐与否,全不是物质上可以支配。"

一般做父亲的最容易在两个问题上对儿女指手画脚,一是事业,二是婚姻。我们且来看看梁先生是怎么做的。二女儿梁思庄要去加拿大读书,梁启超建议她选择当时在国内几乎是空白的生物学专业。可当他得知女儿对此总提不起兴趣的时候,赶紧给她写了一封信,说:"凡学问最好是因自己性之所近,往往事半功倍。你离开我很久,你的思想近来发展方向我不知道,我所推荐的学科未必合你的式,你应该自己体察作主。"在儿女的婚姻问题上,梁启超也相当开明。他很早就为儿子梁思成相中了好友林长民的女儿林徽因，但他并不包办，而是创造机会让两人相互了解，最终自然地走到一起。在给孩子的一封信中，梁启超骄傲地说："我觉得我的方法好极了，由我留心观察看定一个人给你们介绍，最后的决定在你们自己，我想这真是理想的婚姻制度。"

鲁迅先生曾经发问："我们现在怎样做父亲？"这个问题并不容易回答。梁启超一生辛劳，政治活动、学术研究占据了他大量的时间。可他懂得，父爱不仅仅是一种本能，更需要用心经营。"宝贝，你们好吗？"这不是一声简单的问候，而是他一生的事业。

跟古人学快乐之道

佛家说人生有八苦，除生、老、病、死之外，还有“怨憎会”，讨厌的人还得天天面对；“爱别离”，相爱的人却不得不分离；“求不得”，想要的东西得不到；以及“五蕴炽盛”，在看到、听到、想到、遇到、感受到的各种假象中迷失自我。正因为人生有这些逃不掉、避不开的苦，所以追求快乐就成为人的本能。可是，究竟什么是快乐呢？

清代康熙年间有个著名的大臣，叫张英，官居文华殿大学士。他在写给子孙的家训《聪训斋语》中就谈到了快乐的问题。他说：“圣贤仙佛，皆无不乐之理。”修养高、道行深的人都懂得寻求快乐的方法。什么是快乐呢？张英没有对子孙大谈道理，而是举了几个人的例子来阐明他对快乐的理解。

第一个人是孔子。孔子很早就提出了快乐教育的思想。《论语》开篇的第一句话是什么？“学而时习之，不亦说乎？”

学习并且在合适的时候去积极实践你所学到的知识，这难道不是一件快乐的事情吗?《论语》中的第二句话依然跟快乐有关:“有朋自远方来，不亦乐乎?”“同门为朋，同志为友”，古人所说的“朋”不是一起吃吃喝喝的狐朋狗友，而是彼此志同道合的人。有这样的人不远千里来和你一起探索知识、切磋学问，难道不是一件开心的事情吗？你瞧，孔老夫子绝不是个板着面孔说教的腐儒，他有一颗活泼的心灵。在一万多字的《论语》里没有一个“苦”字，表示高兴、快乐的“乐”和“说”(悦)字倒是各出现了十多次。在孔子看来，人生最大的快乐莫过于学习、实践以及拥有一同成长进步的好朋友。

第二个人是颜回。颜回是孔子的学生，孔子对他大加赞赏:“贤哉回也!”为什么呢？“一箪食，一瓢饮，在陋巷，人不堪其忧，回也不改其乐。”住在贫民窟，吃最简陋的饭食，喝凉水，一般人受不了这份清贫，成天愁容满面，可是颜回仍然快快乐乐。颜回的乐从哪里来呢？首先是“安贫”，不为外在物质条件的匮乏而动摇自己的心志，其实很多时候畏惧贫穷远比贫穷本身更糟；其次是“乐道”，要有自己的精神追求，快乐不是对物质的占有，而是一种心灵的感受，一个人在有理想、有信念的时候往往也是最快乐的。

第三个人是孟子。孟子说过，“君子有三乐，而王天下不与存焉”。有三件事带来的快乐是连做皇帝都比不上的。哪三件呢？一是“父母俱存，兄弟无故”，也就是家人健康平安；二是“仰不愧于天，俯不怍于人”，内心坦荡；三是“得天下英才而教育之”。不过这三种快乐并不完全是由自己决定的。家人是否康健取决于天意，能否得到优秀的人才取决于他人。只有一种快乐是可以凭借自己的努力而获取的，那就是无愧天地、无愧于人的坦然心境。

张英告诉子孙，“彼世之终身忧戚、忽忽不乐者，决然无道气、无意趣之人”。那些成天长吁短叹、怏怏不乐、失意潦倒的人，一定也是缺乏通达智慧和生命情趣的人。人生的快乐其实很多：学习的快乐，实践的快乐，坚持信念的快乐，安于清贫的快乐，内心坦荡的快乐。这些快乐都是取决于自己的。懂得追求并享受这样的快乐，无论身处怎样的环境，都能悠然自得。

一场集体落榜的考试

杜甫在中国的诗坛绝对算得上大师级的人物，被后人尊称为“诗圣”。不过杜甫的人生有个很大的遗憾，就是在科举考试的考场上没能取得理想的成绩，落榜了。第一次落榜的时候，杜甫二十四岁，意气风发，没太把失败放在心上；可第二次失败对他的打击就很大了，倒不仅仅是因为自己榜上无名，而是因为他参加的这次科举考试录取率居然为零，这估计在人类考试的历史上算是一件空前绝后的大怪事了。

这次奇怪的考试发生于公元747年，唐玄宗统治时期。当时选拔官员的主要途径是科举考试，不过唐玄宗为了显示自己对人才的重视，决定在正常的科举考试之外加考一次。为什么要加考呢？现在有些学生偏科，有的语文很好、数学不行，有的物理很厉害、历史有点儿差，古代的学生也有这个问题。于是唐玄宗就下令“命通一艺以上皆诣京师”，只要你有一技之长就欢迎到首都来参加考试，给你做官的机会。按理说，这样大规模的招贤考试是挺好的事，可纰漏却出在主考官的身上，这位主考大人叫李林甫。

李林甫官居宰相，不过他的文化水平实在是不敢恭维。《旧唐书》里记载了这么一件事：李林甫的亲戚生了儿子，他写信祝贺说“闻有弄獐之庆”。古代人重男轻女，生下男孩，就把一种叫“璋”的玉器给他玩；生下女孩，就把叫“瓦”的纺锤给她玩。所以祝贺人家生男孩，叫“弄璋之喜”；祝贺人家生女孩，就是“弄瓦之喜”。可白字先生李林甫却把“璋”写成了“獐”，这下可好，玉器转瞬变野兽。李林甫自己没文化，却忌妒那些有才能、有学识的人。有个关于他的成语很有名，叫“口蜜腹剑”，就是说这个人就算心里恨不得把你剁成碎片，可见到你的时候，却笑得一脸灿烂。他当上宰相之后，制造了许多冤假错案，害死了不少贤良的大臣，牢牢把持住了朝政。自古奸臣最怕什么呀？怕人议论，怕人将他的恶行曝光。所以当得知唐玄宗要举行全国招贤考试的时候，李林甫就慌了，他怕有才有德的人被选中，更怕这些人将他干的坏事告诉皇帝。于是在他的操作下，所有参加考试的考生全体落榜，其中就包括伟大的诗人杜甫。一场全国性的选拔考试，录取率是零，这事怎么向皇帝解释呢？李大人有招儿，他喜气洋洋地向唐玄宗上了一份贺表，恭喜皇帝“野无遗贤”。“野无遗贤”这句话出自《尚书》，意思就是天下贤才已经全在朝廷里，没有遗漏，在民间想找也找不到啦！

这场零录取率的考试暴露出李林甫嫉贤妒能、奸诈狡猾的本性，但更加可悲的是唐玄宗，这位“开元盛世”的缔造者居然默认了这样荒唐的考试结果，因为李林甫的那句“野无遗贤”极大程度地满足了唐玄宗的虚荣心：全天下的人才都已经为我所用，这说明我是多么圣明。这或许是个谎言，但它太美好，美好得让人难以拒绝！李林甫的那句“野无遗贤”和唐玄宗的默认让我想起了法国的一句谚语，它说：“阿谀奉承是一种伪币，它只有通过我们的虚荣心才得以流通。”虚荣心倒不可怕，但虚荣心引发的愚蠢却非常可怕。

放榜喽，快来抢女婿！

小时候我妈为了勉励我读书，常常教导我："古人不是说嘛，'书中自有颜如玉，书中自有黄金屋'。"这句话我听了快三十年，可最近才知道说这话的古人可不寻常，他是九五之尊的帝王——宋真宗赵恒。赵恒写过一首《劝学诗》："富家不用买良田，书中自有千钟粟。安居不用架高堂，书中自有黄金屋。出门莫恨无人随，书中车马多如簇。娶妻莫恨无良媒，书中自有颜如玉。男儿若遂平生志，五经勤向窗前读。"简而言之，只要你好好读书，票子、房子、车子、妻子统统都会有的。这种功利主义的读书观在今天看来并不可取，可读书人却为它迷醉了上千年。

皇帝亲自劝人好好读书，这跟宋代"重文轻武"的风气密切相关。宋太祖赵匡胤就是武将出身，他通过陈桥兵变黄袍加身，开创了大宋王朝。可他怕别的武将再把他老赵家的天下给夺去，于是定下一条国策：倚重文官，压制武将。所以宋朝是不杀文官的，不但如此，文官的薪水高、福利好，家人还可以享受特殊待遇。那怎样才能挤入文官这个行列呢？最主要的一条路就是参加科举考试。我们今天熟知的很多勉励人用功的句子，像什么“万般皆下品，唯有读书高”“满朝朱紫贵，尽是读书人”，就是出自宋代人的手笔，它们重复着一个强有力的诱惑：哪怕你是穷光蛋，只要金榜题名就要啥有啥。什么叫“书中自有颜如玉”？就是说考场上的表现决定了你在婚姻市场上的增值潜力。

最能生动体现“书中自有颜如玉”这句话的就是“榜下捉婿”的现象了。每逢大比之年，官僚富商之家都蠢蠢欲动，等到放榜的那天，一家人早早地赶到放榜地点，干吗呢？抢女婿。看到谁中了新科进士，赶紧上前推销自家姑娘。问题是新出炉的进士数量有限，供求关系严重失衡。在这种情况下，有的人家就使出了绝招。据朱彧在《萍州可谈》中记载，“近岁富商庸俗与厚藏者，嫁女亦于‘榜下捉婿’，厚捉钱以饵士人，使之俯就，一婿至千余缗”。意思是说富商们为了钓个金龟婿，不惜重金倒贴。

据说有个叫韩南老的书生，刚中了进士就有人来跟他提亲。别人问他年纪，他苦笑着写了一首诗：“读尽文书一百担，老来方得一青衫。媒人却问余年纪，四十年前三十三。”这位韩先生多大岁数呢？四十加三十三，七十三岁。垂暮之年还能接到绣球，实在是讽刺得很！

爱情是两个人的心心相印，婚姻却离不开理性的考量，自古至今，从中到西，这一点无可厚非。不过像"榜下捉婿"这样从理性选择到失去理性，从投资未来到赤裸裸的交易，婚姻也沦为一场买卖了。宋人给榜下被捉的才子们送了一个别称——"脔婿"，"脔"就是一块肉，这个字用得既准又狠。"脔婿"们看似享受着金榜题名后的洞房花烛夜，其实已成为他人刀俎上的一块肥肉了。

曾国藩心中永远的痛

爱因斯坦曾经说:“智慧并不产生于学历,而是来自对知识终生不懈的追求。”这句话很有道理,不过在中国社会,学历一向被看得很重,中国人对高学历的热情已经持续了上千年,它的产生与科举制度的创立有着密切的关系。

科举制开创于隋朝,到了唐代已经成为成熟的选拔官员的制度。在唐朝,一个人的价值高低有一大部分是由学历文凭来衡量的,这个文凭就是进士头衔。当时社会上对进士还有一种称呼,叫“白衣公卿”或“一品白衫”。读书人大都穿白袍,一旦金榜题名就意味着离飞黄腾达的日子不远了。不但普通百姓对进士无比崇敬,就连皇帝对他们也是另眼相看。就拿唐宣宗来说,每次大臣到朝堂上来和他问对,他都要问别人是不是进士,如果回答是,他就特高兴,拉着人家问长问短,比如:哪年考的啊?题目是什么?考官是谁啊?让臣子觉得受宠若惊。要是哪个人很有本领，是靠实干从基层一步步上来的，但没有进士头衔，那宣宗就会长叹一声，说人家的人生不完整。宣宗的进士情结非常浓重，他的一大遗憾就是自己是皇帝，没法参加科举考试，于是在宫里偷偷写字，写什么呢？“乡贡进士李道龙”，李道龙是他的笔名，自己给自己封个进士称号，也算过把瘾了。

在古代，学历是官场的入门券，可有些功成名就的大官仍然对高学历心心念念，晚清政坛的两位“大腕”曾国藩和左宗棠就是如此。在清代，每次科举考试录取的人数从一百到四百多人不等，可以分为三个等级，也就是“三甲”。头甲只有三个人：状元、榜眼、探花，赐进士及第；二甲有若干人，赐进士出身；三甲人数最多，赐同进士出身。这个“同”字实在叫人很尴尬，“同”就是“相当于”，其实就是“不同”。曾国藩是湘军的创立者，中兴名臣，可他就是同进士出身。有个故事说曾国藩的两个幕僚在一起对对子，一个出上联“如夫人”，如夫人就是小老婆的别称，像夫人却不是夫人，另一个对“同进士”；第一个人又说“如夫人洗脚”，另一个人立马接下联“同进士出身”。两人一来一去，兴致勃勃，旁边的曾国藩脸都绿了，那两个幕僚根本没意识到他们捅到了曾大人的软肋，“同进士”是曾国藩心中永远的痛哪！

科举制在中国实行了一千三百多年，虽然这一制度已经终结，但对高学历的崇拜却融入了民族的血液。有人指出，中国教育的病因就在于“学历的军备竞赛”，话虽尖锐却不无道理。不过随着社会的日益开放、人才选拔途径的不断丰富,相信越来越多的人会认识到:学历只是手段,而创造价值、服务社会、获得幸福才是目的。

状元当驸马？天大的误会

在古代，参加科举考试是大多数读书人走上当官之路的唯一途径，而科举考试中的状元更是万众瞩目的大明星。中国从隋代开始实行科举制，一直到清朝，有一千三百多年，总共产生的文状元也就六百多人，绝对是凤毛麟角。

"状元"这个称呼始于唐朝。为什么叫"状元"呢？先来说"状"，唐代各州的举人进京赶考都要先到礼部报到，将自己的出身履历呈递上去，这叫"投状"，"状"相当于咱们今天的个人简历。考试结束之后，礼部要把考生的投状和成绩单送给皇上御览，这叫"奏状"。考生中成绩名列第一的，叫"状头"，头是人体的统帅，又叫"元"，所以"状头"又叫"状元"。

状元还有一个别称，叫"殿元"，"殿"当然指的是皇帝的金銮殿，"殿元"就是在金銮殿上由皇帝亲自挑选出来的状元郎。殿试的开创者是伟大的女皇武则天，她把成绩优秀的考生招到大殿前，亲自出题考他们，再给他们排名次。这样做既增加了考试的严格性，杜绝了舞弊现象，同时也增加了考生的荣耀感，觉得自己从此就是“天子门生”了。不过武则天去世后，殿试就中断了，一直到宋太祖赵匡胤统治时期才把殿试确立为常规制度。殿试通常在每年四月举行，就考一天，试题在考试的前一天由皇帝从内阁预定的若干题中圈定。参加殿试的考生一般在三百到四百人左右，他们的试卷当然不可能全由皇帝一个人批，而是由几位评卷官先评，然后把前十名的试卷提交给皇帝，由皇帝钦点前三名，也就是状元、榜眼和探花。

状元是经过层层选拔和皇帝亲自把关产生的，实力当然强。历代的状元中出了很多名人，像大诗人王维、贺知章，书法家柳公权，民族英雄文天祥，近代的大教育家、实业家张謇都是状元中的佼佼者。人们通常会认为，状元那么优秀，肯定大都是皇帝女婿的候选人。其实戏曲中像陈世美那些状元驸马的故事纯属虚构，在中国历史上有确切记载的状元驸马，只有唐代的郑颢一人。原因很简单，古代女孩的婚嫁年龄是十六岁左右，而但凡能中状元者大多经过十年甚至几十年的寒窗苦读，等金榜题名时多是“大龄青年”甚至中老年人，早就娶妻生子了。皇帝怎么舍得让自家的金枝玉叶嫁给中老年人呢？

当状元不容易，因为除了实力强之外，运气也得足够好。清代同治年间有个江苏考生叫王国均，成绩优秀，本来很有希望挤进前三名，可殿试的时候太监一喊他的名字，慈禧太后就不乐意了：王国均，听起来像亡国之君，太不吉利，名次往后排吧。王国均因为名字受挫，终生不得志。不过却有个同样姓王的人因为名字取得好而走运，他就是光绪年间的状元王寿彭。王寿彭的学问好，不过名字也帮了他大忙。王寿彭在1903年参加殿试，第二年就是慈禧太后的七十大寿，评卷官见他名字里有个“寿”字，觉得慈禧看了一定高兴，就把他的试卷置于前列。果然，慈禧阅卷的时候一看这个人叫“寿彭”，寿比彭祖，彭祖活了八百多岁呢，这个名字兆头好，于是钦点王寿彭做了状元。

用“垃圾时间”创造黄金价值

中国人读书的时间现在是越来越少了，据《全国国民阅读调查》显示，中国人每年人均阅读的纸质书籍只有四本左右。这个数字让有的人感到痛心疾首，可也有人抱怨：现代生活节奏快、压力大，要忙工作、忙家庭、忙各种人际关系，哪有时间读书！如何在忙碌的生活中抽出时间来读书，这是一个值得思考的问题。前些天我重读了北宋大文人欧阳修的《归田录》，其中有一段文字恰好可以解决这个问题。

欧阳修在这段文字中列举了三位文人读书的方法。第一位名叫钱惟演，他出身富贵之家，没什么爱好，就喜欢读书。有一回，钱惟演跟自己的同事聊起了读书的经验，他说不同的时候要读不同的书，“坐则读经史，卧则读小说，上厕则阅小辞”。坐着的时候读儒家经典和历史著作，这些书都是严肃的大部头读物，需要在心思端正、注意力高度集中的时候阅读；

躺着的时候比较放松，可以读读杂记、小说这样的闲书，读累了就“手倦抛书午梦长”，多惬意；上厕所的时候最适合读“小辞”，就是词、曲这类轻松简短的文字。看来钱惟演很懂得运筹学，能把它巧妙地运用在读书这件事上。

欧阳修列举的第二位文人叫宋绶，他每次上厕所时一定要夹上一本书，不光用眼睛看，还要高声朗读，“讽诵之声琅然，闻于远近”，左右邻居都知道宋绶一边在出恭，一边还不忘用功。

欧阳修列举的第三个例子就是他本人。他跟朋友回忆自己的学术生涯时说：“余平生所作文章，多在三上，乃马上、枕上、厕上也。”他这辈子写的文章大多是在“三上”上完成的，哪“三上”呢？马背上、枕头上、马桶上。堂堂文学大师的传世之作居然是在这些不入流的地方完成的，为什么呢？欧阳修给出的理由是“盖惟此尤可以属思尔”，因为在马背上、枕头上、马桶上，你都没法干杂事，反而可以集中精神，写出好文章。

用咱们今天的话说，钱惟演、宋绶和欧阳修三人都很善于运用“垃圾时间”。所谓“垃圾时间”并不是没有用的时间，而是看似无用，但只要把握好就能创造出巨大价值的时间。“垃圾时间”（garbage time）原本是美国NBA 篮球赛中的专用语。两队比赛，分差悬殊，落后方不管怎么努力也不可能把比分追赶上来，这个时候就挺尴尬：胜负已定，继续比吧，没意义；终止吧，又违反规则。怎么办呢？双方干脆把主力队员换下来，让替补队员上场把比赛打完，这样一来平时很少上场的替补队员得到了锻炼，看似无聊的时光也有了价值。类似的“垃圾时间”在生活中到处都是。比如在飞机上，噪声巨大，人被局限在一个小小的座位上，不能四处溜达，关键是既不能接电话，也不能上网，基本上孤立于一切社会关系之外；可在断了所有的念想之后，我发现在飞机上的阅读效率特别高，我有好几本书就是在飞机上读完的。

所以与其抱怨时间不够用，不如想想怎样用好“垃圾时间”。禅宗里有一句话很有道理：“日日是好日，夜夜是春宵。”只要你的心情美好，那么你面对的每一天、每一夜、每一刻都是最好的；只要你善于利用，哪怕是在最无用的时光里也能创造出最大的价值来。

养生就是尽孝

有句俗语叫“活到老，学到老”。我们通常会把注意力放在“学到老”这半句上，殊不知“活到老”也很重要。如果生命早早终结，那又如何将学习进行到老呢？古代的父母在教导孩子的时候，会特别强调“养生”的重要性。比如清代康熙年间的政治家张英，他晚年撰写了《聪训斋语》一书，将自己的人生经验分享给家中的子孙。在这部家训里，张英谈到了读书、修身、择友、节俭等许多问题，而养生也是其中的重要部分。

张英告诉子孙，养生的关键在于两点，一是吃好，二是睡好。

张英官至文华殿大学士，是朝廷的一品官员。他的家里不缺山珍海味，但张英提出“吃好”的标准是“脏腑肠胃，常令宽舒有余地”，用今天的话说就是“饭吃七分饱”。量上要控制，质上也得讲究，“燔炙熬煎香甘肥腻之物，最悦口，而不宜于肠胃”。跟饮食联系最密切的器官有两个，一是嘴巴，一是肠胃。问题是这两大器官的偏好有所不同：嘴巴喜欢那些烧烤煎炸的食物和香甘肥腻的美味，但肠胃却消受不了。要是只顾讨好嘴巴，肠胃就要抗议，时间一长，疾病难免会入侵。南宋大诗人陆游是位“养生达人”，他活到了八十六岁。他在《养生》一诗中写道：“倩盼作妖狐未惨，肥甘藏毒鸩犹轻。”意思是贪色纵欲的结局比被狐狸精迷惑还惨烈，高脂、高油的美食对脏腑的损伤比毒药还厉害。

除了强调饮食要适量、清淡之外，张英还分享了一些温馨的“餐饮小贴士”，比如“若劳顿饥饿归，先饮醇醪（也就是味道浓烈的酒）一二杯，以开胸胃”。这跟西方人在餐前饮用开胃酒是一个道理，都是要刺激食欲。再比如，“食忌多品，一席之间，遍食水陆，浓淡杂进，自然损脾”。就是说一餐不要吃很多品种的菜肴。中国人请客吃饭重排场，天上飞的、地上跑的、水里游的统统上桌。其实菜的品种不宜太多，过多非但不能增加营养，反而影响消化。

养生的另一大要务是睡好。“不觅仙方觅睡方”，能舒畅地睡个好觉比当神仙还快乐。张英说有些晚睡的人酣饮不休，称之为“消夜”，实在很可笑。“夫人终日劳劳，夜则宴息，是极有味，何以消遣为？”白天辛勤劳作，夜晚安静休整，使人体的作息和日月运行的自然规律同步，这本身就是很有况味的事情，何必还要另寻消遣呢？睡得好，便起得早，“天地清旭之气，最为爽神，失之，甚为可惜”。到了夏天，白天长，不妨午睡数刻，“睡足而起，神清气爽，真不啻天际真人”。

张英作为朝廷重臣，为何要在家训里谆谆教导子孙养生的重要性呢？他自有一番苦心：“父母之爱子，第一望其康宁，第二冀其成名，第三愿其保家。”父母对孩子抱有种种期望，希望他们事业有成、家庭和美，但首先希望他们平安健康。“安其身以安父母之心，孝莫大焉。”我们爱护保养自己的身体，让父母不必劳心牵挂，这也是孝顺的表现。

张英对养生的意义阐释得很好，但只道出其中一层，还有另外一层。人生在世，除了上有父母之外，下还会有儿孙。中年时身体康健，可以更好地陪伴教育子女；晚年时身体康健，能够减轻子女的负担。所以养生不全然是为了自己，它既是对父母尽孝，也是为儿孙尽责。

书中真有黄金屋？

中国人教导孩子用功读书，常常会搬出这句俗语——“书中自有颜如玉，书中自有黄金屋”。其实这不是什么俗语，而是出自宋朝皇帝赵恒的《劝学诗》，诗的最后两句是“男儿若遂平生志，五经勤向窗前读”，皇帝鼓励大家读的是科举考试教材。“颜如玉”和“黄金屋”是要通过考试、当上官才会有的，如果你完全凭着兴趣阅读，那就别指望从书里头获得富贵与美色。

我读书上瘾，也特别留心古代“书痴”们的故事。可了解得越多越灰心，因为我发现嗜书如命的人往往穷得叮当响。古时候印刷术不普及，书价昂贵，买书是一件很“败家”的事儿；而且痴迷阅读的人对书本以外的世俗琐事缺乏兴趣，一个人不事生产、不做生意、不热心功名，不穷才怪。明朝时，苏州有个叫邢量的人，“其学无所不通”，知识相当渊博，但家里只有“敝屋三间，青苔满壁”，除了一张床之外，全是藏书。老鼠经常光顾他家，为此邢量还作了一篇《叱鼠赋》，批评老鼠偷粮啃书的行为。邢量的孙辈中有个叫邢参的，继承了他爱读书的好习惯，也把他的穷困“发扬光大”。某年冬天，一连下了几天大雪，邢参家断米绝粮，可他本人依然淡定，像枯树干那样端坐着，手不释卷。有朋友不放心，跑去看他，他兴高采烈地拉着人家，说自己刚得了两句好诗，要读给朋友听。还有一回，连下几天暴雨，屋子漏得不像话，可邢参呢，“怡然执书坐一角”，优哉游哉地沉浸在阅读中，虽然已经好几天没吃饭了。邢参的朋友跟他开玩笑，说他叔祖写过《叱鼠赋》，可他家连粮食都没有，老鼠根本不会光临，所以他连骂老鼠的文章都不必写了。

既然读书不能发家致富，为什么还要对书籍如痴如醉呢？南宋诗人尤袤的绰号是“书橱”，他说书“饥读之以当肉，寒读之以当裘，孤寂而读之以当友朋，幽忧而读之以当金石琴瑟也”。对于追求精神愉悦的人来说，书籍无疑是最好的伴侣。除此之外，读书还可以赋予人尊严。宋代文人许棐“贫而嗜书”，有人问他：“贪书和贪财都是贪，贪财能过上安逸生活，贪书连饭都吃不饱，你何苦如此呢？”许棐慨然答道：“我年少时能平心静气地面对贫苦，壮年时能从贫苦中找到乐趣，老年时根本不再为贫苦所困扰，别人不因为我没钱而小看我，连鬼也不会嘲笑我穷，这一切都拜读书所赐。”

这些爱书的理由听起来很美好，但多少有点儿精神胜利法的味道。读了许多穷书生的故事后，我终于找到一个振奋人心的事例。北宋都城汴京有个小区叫春明坊，房价房租比起京城其他地方贵一倍以上。什么原因呢？因为那儿住了一位名叫宋敏求的“书痴”，此人的藏书非常可观，喜欢读书的士大夫都乐意在他家附近租房子住，借书方便嘛，连大政治家王安石都搬去跟他做邻居。结果春明坊的住宅供不应求，房价房租一路上涨。一个社会能有这样的阅读之风，才真叫咱读书人志气大涨。

买书“瘾君子”

据说女人在心情不好的时候，往往会通过疯狂购物来提神鼓气。惭愧地说，我不管心情好坏，或者不好不坏，都热爱购物。只不过我热爱购的物只有一种——书。小时候的零用钱，长大后的血汗钱，除了养家糊口必需的那份之外，几乎全部贡献给买书事业。我知道任何事情上了瘾都是一种“病”，但欣慰的是，从古至今跟我“同病相怜”，甚至比我还要“病入膏肓”的人绝不在少数。

清朝初年的大诗人王士祯爱书如命，用他自己的话说，“余官都下二十余载，奉钱之入，尽以购书”。当了二十多年京官，发的工资统统用来买书了。王士祯在京城声名显赫，很多文人雅士都以结识他为荣，可他并不轻易见客，拜访者总吃闭门羹。有人琢磨出一个诀窍，王大人爱逛书店，想见他就去慈仁寺附近的书摊守着，准能逮着。《桃花扇》的作者孔尚任亲身实践了一把，果不其然，回来后写了一首诗，说王士祯家“侯门今似海门深”，所以就甭跑冤枉路了，“只向慈仁寺里寻”，要找他就去书摊上。

购书癖跟其他一切购物癖一样，是一种相当“败家”的“病”。一旦对书本一往情深、执迷不悔，钱袋就遭殃了。明代学者胡应麟“性嗜古书籍”，买书得花银子，他先跟父亲要，父亲的薪水花完了，又缠着妻子要，妻子的珠宝首饰全当光了，他还不知足，竟把自己身上的衣服也典当了。这样折腾了十几年，“尽毁其家以为书”，为了买书把家业全败光了。当然有些人很走运，在染上买书“病”之前已经攒够了家产。比如胡应麟的好友王世贞，名字跟爱逛书摊的王士祯很接近，爱好也一样，见了好书就走不动路。有一回他遇到一个书商，书商手中有宋刻本的《两汉书》，王世贞爱不释手。可这部书价格不菲，王世贞一时拿不出足够的现金，但又怕书被其他人抢走，于是一咬牙一跺脚，毅然用自家的一座庄园换下了这部书。这样大手笔的“败家”之举在爱书人的圈子里却成为千古美谈，后来有人感叹道“得一奇书失一庄”，指的就是王世贞舍庄换书的事。

“书痴”们最怕的事情有二：一是没钱，二是好书被人买走。清代藏书家黄丕烈得到一套珍贵古籍的第一册，其他几册则被他的朋友陈鳣买下。黄丕烈为此急得生了一场大病，躺在床上时手里还攥着自己买到的那册书，死活不肯出让。陈鳣没法子，总不能为了几本书眼看好友命丧黄泉吧，就把自己收藏的那几册转让给了黄丕烈。书一到手，黄丕烈竟然就奇迹般地痊愈了，让人不得不怀疑这是一场苦肉计。

在“书痴”们看来，买书和看书是生命之所以值得延续下去的重要理由。在投靠书本还是奔向他物之间，我们毫不犹豫地选择前者，哪怕这意味着生活的拮据。虽说囊中羞涩的时候，我们不得不设法绕过书店的橱窗，就像饥肠辘辘的人拼命躲过香气四溢的熟食店，可一旦口袋里稍有几个余钱，便又兴冲冲地跑去书店，仿佛赶着跟爱人约会一样。

“书痴”症候群

世界上任何事情一旦令人上瘾都很麻烦，哪怕是读书这样听起来很高雅的事儿也不例外。瘾是一种“病”，沾染上就会越陷越深、难以自拔。陆游跟儿子说：“人生百病有已时，独有书癖不可医。”感冒、咳嗽、牙周炎不难治愈，就算得了心脏病、脑中风也有好起来的希望，这世界上只有沉迷于书这种毛病无药可医。爱书是种“病”，而且是一种有着诸多并发症的“病”。

爱书的人往往有严重的购物癖，手中只要有点儿钱就想往书店跑。明代时浙江有个叫徐介寿的人，家中藏书多达五万卷，买书耗费多少银子暂且不论，那么多书得有地方搁吧。徐介寿斥巨资盖了一座壮观的别墅，叫“百城楼”，专门用于安置图书。徐介寿的购书癖是有家族传统的，他父亲也是个超级“书痴”。这父子俩平时分头买书，到了除夕就摆开擂台,看谁一年来积聚的书更多,那是相当“败家”呀!

除了购书癖之外,“书痴”们还有强烈的占有欲,他们可以视金钱为粪土,但如果谁开口借书,那简直是要他们的命。明代有位姓虞的藏书家,他煞费苦心地将藏书楼建在水中央,想看书了就用一条长木板作独木桥,到了晚上,就把木板抽掉,不让别人接近。他还在楼门前题写了两行大字:“楼不延客,书不借人。”清代藏书家唐尧臣,生前不借书给别人,怕死后人家跟他的儿女借,干脆刻了一方“借书不孝”的印章,在每本书上盖个戳,威胁后人:胆敢借书给他人,就是不孝逆子。

嗜好读书之人还有或重或轻的“暂时性知觉丧失综合征”,一旦沉浸于书本,对外部世界便不再关心。明代藏书家胡震亨,人称“博物君子”,朝廷要擢升他去外地当知州,相当于现在的地级市市长,他因为舍不得放下书本,竟托病不出,还在任命书上题诗:“自爱小窗吟好句,不随五马渡江来。”当然,明朝少了一个小官吏,造不成什么损失,不过从此却多了一位了不起的学者。胡震亨根据藏书整理编纂了《唐音统签》共一千零三十三卷,这就是《全唐诗》的前身和蓝本。

爱读书的人热衷藏书,藏书除了会引发独占欲之外,还会勾逗起攀比之心,比如比谁的书多,比谁的书版本好,比谁的书更稀奇。清代藏书家黄丕烈以收藏珍贵的宋版书而出名,他的藏书楼名曰“百宋一廛”,意思是把一百部宋版书收藏在一间屋子里。黄丕烈的好朋友吴骞也是个“书痴”,他给藏书楼起名叫“千元十驾”。“千元”指的是一千部元版书，“十驾”出自荀子的“驽马十驾，功在不舍”。潜台词是黄丕烈收藏了一百本宋版书，他就要收藏一千本元版书，这总赶得上黄丕烈了吧。吴骞一买到好书就要想法子纪念：要么刻印，要么把书名当作书房名用。最夸张的是，他在儿子出生那天得到一部宋刻本《周礼》，《周礼》又称《周官》，他一高兴就给儿子取字“周官”。后来吴骞又得到一部《百家注东坡先生集》，他把书传给儿子，附带一个要求：你有了苏东坡的文集，从此就号“苏阁”吧。

老婆不借，书不借

每每见到家中访客在我的书柜前那寻寻觅觅的眼睛和在书脊上走走停停的手指，我就心跳加速，暗暗祷告，希望人家不会把“借”字说出口。一旦书籍“背井离乡”，其下场就难以预测，最糟糕也最常发生的结局就是肉包子打狗——有去无回。

借书不还的恶劣行径古已有之，宋人笔记中提到颍州有个读书人，家里藏着《九经》，也就是九部儒家经典，而且各藏有数十部。这么多重复的书从哪儿来的呢？都是跟别人借的，借来之后“不录不读不还”，还到处向人炫耀自己藏书的版本多。对于这种无耻之徒，你除了大骂“借书不还，天打雷劈”之外，也拿不出别的法子对付他。借钱不还，还能告官，可总不至于为一本书跟人打官司吧。

借还是不借，这是一个闹心的问题。不同的人对待这个问题，态度有所不同。有一类是坚决不借。晋朝大学者、杜甫的老祖宗杜预在给儿子的遗书中特意嘱咐："书勿借人。"唐朝宰相杜暹在每本藏书后头题字："清俸买来手自校，子孙读之知圣道，鬻及借人为不孝。"这书是他用血汗钱买来的，并且亲自校订错漏，子孙要是把它卖了，或者借人，就是不孝。"百善孝为先"，不孝是最为严重的道德品质问题，是要遭唾弃的。用如此极端的言语威胁儿孙，可见不愿借书的意志是何等决绝。据说清代藏书家叶德辉曾在自家书柜上贴一纸条，上书："老婆不借，书不借"，看谁好意思开口！现在的人可能不理解，借本书而已，又不是在你身上割肉，至于这么小气嘛！殊不知在印刷术普及之前，书是靠手抄的，异常珍贵；即便后来印刷术普及了，书籍的生产规模也不像今天这么庞大，书价也大多不菲。

当然，也有对借书这件事抱着豁达态度的人，宋代学者周煇就是一例。他最初也不乐意把书借给别人，后来读了一篇名为《失茶具说》的文章，从此改变了观念。这篇文章的作者说他家的茶具被人偷走了，他让妻子不要费心寻找，因为偷的人肯定是非常钟爱那套茶具才会下手，"得其所好则宝之，惧其泄而秘之，惧其坏而安置之"，这样一来，那套茶具也算得了好归宿，何必非把它找回来呢？周煇从中悟出"聚而必散"是事物的常理，书也不例外，只要借出去有人读就行了，不必为它能否回来耿耿于怀。

周煇的洒脱胸襟叫人佩服，但是想到心爱的书有可能一去不复返，我便心如刀割，可又不好意思不借书给别人。还好，唐代书法家柳公权的哥哥柳公绰给我指出了一条光明大道。柳公绰家藏书万卷，而且每部书都有三本：“尤华丽者镇库”——版本最好的用于收藏；差一点儿的，“长行披览”——自己平时读，可以在上头涂涂写写；再次一点儿的，“后生子弟为业”——给家里小孩学习用，要是有人借，拿去也无妨。我没有柳公绰那么阔绰，就把他的法子略略改了一下：感情一般的书，一本就够了；情有独钟的书，一定买两本，这样哪怕“旧爱”被人“残酷夺走”，好歹还有跟它一模一样的“新欢”翘首企盼我的“宠幸”，慰藉我失落的心灵。

用书籍养养心

读书有什么用？清代政治家张英在家训《聪训斋语》的一开篇就和孩子们谈到阅读的益处。张家是有名的模范家庭，张英官至文华殿大学士，他的儿子张廷玉官至保和殿大学士。清朝不设相位，他们父子俩都做到了相当于宰相的大官，被称为“父子双学士，老小二宰相”。对于这样的家庭来说，读书当然是考取功名、光耀门楣的重要途径。可张英却告诉子孙，阅读最大的益处并不在于谋取“黄金屋”“颜如玉”，而在于更好地安顿心灵。

他说“书卷乃养心第一妙物”。“养心”，用今天的话说，就是培养乐观豁达的良好心态。张英指出，在我们生活安定时，读书是锦上添花，“扫地焚香，清福已具。其有福者，佐以读书”；在遇到困顿挫折时，读书就是雪中送炭，能够让我们的心灵更加坚忍强大，因为“从来拂意之事，自不读书者见之，似为我所独遭，极其难堪；不知古人拂意之事，有百倍于此者，特不细心体验耳”。人生在世，难免遭遇曲折坎坷，不读书的人会抱怨为什么倒霉的总是自己；而阅读则使我们懂得古往今来许多伟人名士承受着远甚于我们的不幸，既然他们都能挺过来，并创造出不凡的成就，我们有什么理由怨天尤人、自暴自弃？

张英举了三个人的例子：苏东坡、白居易、陆游。这三位是中国文化史上令人景仰的大家，名声不可谓不大，事业不可谓不辉煌。可是在他们每个人的生命里都有着深刻的伤痛和遗憾。

苏东坡少年得志，二十一岁就考中进士。然而自走上仕途开始，他一次次陷入错综复杂的政治旋涡中，被贬官，被投入大牢，被一次次流放，一直流放到天涯海角的海南岛。东坡晚年住在一个破茅屋里，“食无肉，病无药，居无室，出无友，冬无炭，夏无寒泉”，要啥没啥。

再说白居易。他人生最大的遗憾就是“常忧到老都无子”，后继无人。他在五十八岁那年好不容易得了一个大胖小子，于是写诗给同样晚年得子的好朋友元稹：“五十八翁方有后，静思堪喜亦堪嗟。”谁料这根独苗三年后便夭折了，白居易悲痛不已，提笔写道：“掌珠一颗儿三岁，鬓雪千茎父六旬。岂料汝先为异物，常忧吾不见成人。”

苏东坡仕途坎坷，白居易终生无嗣，陆游呢？他晚年贫困，连饭都吃不饱。他的诗作中常出现“忍饥”二字，比如

“水云深处小茅茨，雷动空肠惯忍饥”，肚子饿得响声如雷；“忍饥卧空山，著书十万言”，饿着肚子搞文学创作；“父子共薄饭，忍饥讲虞唐”，饿着肚子跟儿子谈历史。

张英告诉子孙，苏、白、陆三人的经历在他们的诗文集中都有记载。通过阅读，我们会懂得，那些比我们聪明、比我们能干、比我们有才华的人也难免有种种不如意；通过阅读，我们也可以向前辈先贤学习如何应对不幸。读书未必能改变我们的遭遇，却能改变我们面对遭遇的态度。苏东坡在生命中的最后一年，写诗总结自己的人生：“问汝平生功业，黄州惠州儋州。”黄州、惠州、儋州，这三个当时偏远蛮荒的地方是苏东坡的流放之所，可他却说自己一生中最大的成就恰恰是在这三个地方取得的。凭借着乐观与豁达，他修炼出把地狱变成天堂的本领。人世间的苦难，但凡不能将我们打倒的，必将使我们更加坚强。

有种美妆叫“阅读”

古人常说“女子无才便是德”。人们津津乐道着卓文君、班昭、谢道韫、李清照这些才女的故事，恰恰是因为当我们环顾五千年中华文明史的时候会发现，能读书的女人实在是太少了。中国画中有一种专门表现女性题材的作品——仕女图。仕女图中的女子要么赏花，要么戏犬，要么吹箫，要么抚琴，要么独坐深闺，要么顾影自怜。而手捧书卷的女子在绘画史上却姗姗来迟，一直到晚明时才出现。

明末清初的人物画家陈洪绶绘制了一幅《闲话宫事图》。画中的男子正襟而坐，将琵琶放在膝上，他是汉代的大臣伶元，而他对面的那个正捧卷而读的美丽女子就是他的小妾樊通德。樊小姐“有才色，知书，慕司马迁《史记》”，是个有些书卷气和历史感的美人。她对大美女赵飞燕、赵合德姐妹的故事十分熟悉。伶元闲来无事，便让樊通德将这些故事一一道来，并据此写成《赵飞燕外传》一书，它是中国文学史上相当有名的一部艳情小说。陈洪绶似乎很喜欢描绘爱读书的女子，他的另一套作品《隐居十六观》记录了隐士生活中的十六件风雅之事，有杖菊、孤往、品梵、问月，等等。其中的《缥香》一图表现了一位女性隐逸者的生活：她鬓发如云，翠袖飘逸，端坐于奇石之上，捧着一本书细细观览，身边有绿竹猗猗，泉水潺湲。

将阅读的女子画进画里，这不是画家心血来潮，而是明末清初独特的文化氛围使然。那实在是女性展露才华的黄金年代，跟之前相比，女人认字多了，读书多了，甚至可以自己写

［明］陈洪绶《隐居十六观》之《缥香》，台北故宫博物院藏

诗、出版文集。而男性也在评判女性的标准里加上了重要的一项：才华。有些文人甚至热情地支持妇女教育，比如大戏剧家李渔就说："妇人读书习字，所难只在入门。入门之后，其聪明必过于男子，以男子念纷，而妇人心一故也。"女人专心，所以在读书上反比男人有优势。

［清］金廷标《曹大家授书图》，台北故宫博物院藏

不过文人们支持女性读书，不是为了解放她们、为女性争取权益，而是为了男人自己。读书的女人通常不是自家妻

子，而是青楼女子或者买回家的小妾。李渔打了一个比方，说“娶妻如买田庄”，田里头种的都是五谷桑麻，那是“衣食所出”，自然不能种花花草草；但“买姬妾如治园圃”，花园的主要功能就是娱乐，所以种些不实用的花草点缀也很好。而这些花草指的就是包括读书、乐器、歌舞在内的技能。除了娱乐之外，女人读书还可以满足男性的审美需要。李渔说：“只须案摊书本，手捏柔毫，坐于绿窗翠箔之下，便是一幅画图。”读书习字，甭管对女人自己有没有好处，至少对男性观看者而言是美的。《闲话宫事图》中的女子始终处于男子视线的关注之下，她读书的样子和她美丽的容颜一样，都是被欣赏、被玩味的。

在人类文化史上，女性能够堂而皇之地阅读，是一件无比艰难的事情。晚明时期的女子终于拿起了书本，但如同“女为悦己者容”一样，是“女为悦己者读”。与之相比，今天的女子真是幸运，因为我们终于将“悦己者”里的“者”字去掉，不必再为了被人喜欢而读。阅读是为了“悦己”，为了愉悦自己的心灵、充实自己的生命。

书房起名宝典

对于痴迷阅读的人来说，书房大概是世界上最温暖舒心的地方。“躲进小楼成一统”，与心爱的书籍缠绵缱绻，不但春夏秋冬可以不管，世间琐事亦可不闻不问。从古至今，很多爱书之人都有给书房起名字的习惯，因为这个房间不是冷冰冰的建筑，而是主人消磨岁月、寄托心志的所在。

书斋名有很多种类，其中之一是“自嘲型”，像“容膝斋”“曲肱轩”都属于这一类。“容膝”就是仅仅能容纳两个膝盖，“曲肱”则是弯着胳膊做枕头，名字很美，实际上是说书房的面积太小，主人的生活十分贫困。这虽是自嘲，背后却藏着读书人的骄傲。“容膝”源于陶渊明《归去来兮辞》里的“倚南窗以寄傲，审容膝之易安”。陶渊明靠着南窗寄托傲世的情怀，虽身处陋室，内心却平静怡然。“曲肱”出自《论语》中的“饭疏食饮水，曲肱而枕之，乐亦在其中矣”。孔老夫子吃着粗粮、喝着冷水，弯起胳膊当枕头，却依然快快乐乐。这样的书斋名看似低调，气象却不凡。南宋诗人陆游是个地道的“书痴”，他多次向书表白：“不是爱书即欲死，任从人笑作书颠”“书生习气重，见书喜欲狂”。他将书房命名为“书巢”，朋友不理解：巢是鸟住的地方，书房这么有文化气息，怎么能叫“巢”呢？陆游说他这书房，面前、书架上、床上、枕头底下，没有哪里不被书占领。他平日里饮食起居、生病呻吟、悲愤叹息，不管干啥，都跟书在一起。要是客人不来拜访，妻子儿女不来看他，那么即使外头刮风、下雨、打雷、落冰雹，他也浑然不知。杂乱的书围绕着他，如同层层堆积的枯树枝，令他寸步难行，这不就是“巢”吗？说完，陆游领着朋友实地考察了一番，“客始不能入，既入，又不能出”，朋友只能笑着感叹：的确是“书巢”。

还有一类书斋名属于“励志型”。清代文人徐乾学有藏书癖，经过三十多年的搜罗积累，他收藏了各类图书数万卷。比起“容膝斋”“曲肱轩”，徐乾学的书房要阔气许多，确切地说，那不是一间房，而是一座楼。藏书楼落成之日，徐先生把自家子孙召集起来一同登楼。站在书房门口，他“指书而欣然笑曰：‘所传者惟是矣！’”他的遗产只有这些书，于是这座楼被徐乾学命名为“传是楼”，意在勉励子孙继承先辈勤学好读的优良家风。

参考文献

[1] 段成式.酉阳杂俎[M].北京：中华书局,1981.

[2] 葛兆光.古代中国社会与文化十讲[M].北京：清华大学出版社,2002.

[3] 顾禄.清嘉录[M].北京：中华书局,2008.

[4] 罗伯特·路威.文明与野蛮[M].吕叔湘,译.北京：生活·读书·新知三联书店,2015.

[5] 罗常培.语言与文化[M].北京：北京出版社,2004.

[6] 彭林.中国古代礼仪文明[M].北京：中华书局,2013.

[7] 蒲积中.古今岁时杂咏[M].沈阳：辽宁教育出版社,1998.

[8] 田汝成.西湖游览志馀[M].上海：上海古籍出版社,1998.

[9] 王力.中国古代文化常识图典[M].北京：中国言实出

版社,2002.
[10] 许慎.说文解字注[M].段玉裁,注.上海:上海古籍出版社,1988.
[11] 杨荫深.事物掌故丛谈[M].上海:上海辞书出版社,2014.
[12] 叶昌炽.藏书纪事诗[M].上海:上海古籍出版社,1999.
[13] 叶国良.我们的国家:礼制与风俗[M].上海:复旦大学出版社,2012.
[14] 张英,张廷玉.聪训斋语、澄怀园语——父子宰相家训[M].合肥:安徽大学出版社,2013.
[15] 赵振.中国历代家训文献叙录[M].济南:齐鲁书社,2014.